サンタさんのおうちへようこそ！

雪のコースター（58〜59ページ）
窓（25ページ）
クリスマスリース（52ページ）
リボン（64ページ）

おりがみでクリスマス3

「こんにちは！」
サンタさんのおうちには
いつもおともだちがやってきます。

星の小人さん
（18〜19ページ）

天使
（16〜17ページ）

ゆきだるま、手ぶくろ
（20〜21ページ）

テディベア
（12〜13ページ）

トイプードル
（14〜15ページ）

おりがみでクリスマス3

みんなクリスマスをたのしみにしています。

アドベント
カレンダー

リースのポケットにクリスマスの飾りをいれましょう。

ポケットリース（53ページ）　　　　リボンの付いたベル（66〜67ページ）
ポインセチアリース（56ページ）　　クリスマスのくつした（72ページ）
飾り（57ページ）　　　　　　　　　星（78ページ）
燭台つきキャンドル（62〜63ページ）　ほし（79ページ）
リボン（64、65ページ）

おりがみでクリスマス3

今日はクリスマス。
「あれ、サンタさんは？」

おりがみドールハウス

おりがみドールハウス（22〜26ページ）
椅子（27ページ）
テーブルクロスのついたテーブル（28〜29ページ）
マントルピース（30〜32ページ）

クリスマスリース（52ページ）
リボン（64ページ）
燭台つきキャンドル（62〜63ページ）
クリスマスのくつした（72ページ）

おりがみでクリスマス3

くすだまツリー（48〜50ページ）
ほし（78ページ）

おりがみでクリスマス3

おへやはクリスマスのかざりでいっぱい。

どこからあけるの？
なにがはいってるのかな？
ハートの秘密箱

おうちのような形の
花のお楽しみBOX

雪のコースター（58〜59ページ）　　ハートの秘密箱（70〜71ページ）
底のあるブーツ（68〜69ページ）　　花のお楽しみBOX（74〜76ページ）

クリスマスカクタス
（51ページ）

くすだまツリー
（48〜50ページ）
クリスマスリース
（52ページ）
ポケットリース
（53ページ）
ハートのリース
（54〜55ページ）
ポインセチアリース
（56ページ）

雪のコースター
（58〜59ページ）
モザイク模様
（60〜61ページ）

燭台つきキャンドル
（62〜63ページ）
リボン（65ページ）
リボンの付いたベル
（66〜67ページ）
クリスマスのくつした
（72ページ）

6　おりがみでクリスマス3

テーブルには
お茶会のじゅんびもしてあるのに…。
サンタさんはどこに行ったの？

ティーポットの封筒（38〜39ページ）

煙突（ペン立て）（33ページ）
りんご（34〜36ページ）
ワインクーラー（37ページ）
コーヒーカップ（40〜41ページ）
スプーン（42〜43ページ）
フォーク（44〜45ページ）
ハートのハーフケーキ（46〜47ページ）

おりがみでクリスマス3

**クリスマスは
サンタさん、おおいそがし！**

教会（73 ページ）
ながれ星（77 ページ）
そり（82〜83 ページ）
トナカイ（84〜85 ページ）
雪が積もった針葉樹（80〜81 ページ）

サンタ（90〜91 ページ）

走れ！トナカイ（86〜87 ページ）
サンタがやってきた（88〜89 ページ）

サンタクロース
（92〜94 ページ）

クリスマスの作品を折り始める前に

折り紙を折る前に記号をおぼえましょう
Please learn the symbols and the basic folds.

折り方の記号 SYMBOLS

谷折り — VALLEY FOLD

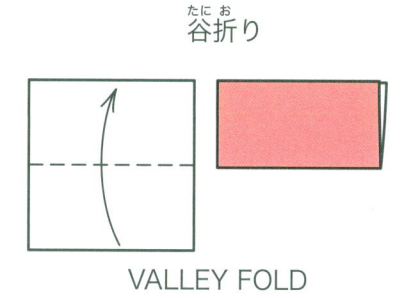

折りすじをつける — FOLD AND UNFOLD TO CREASE

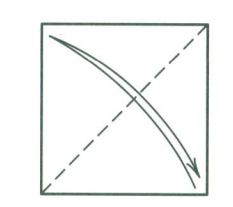

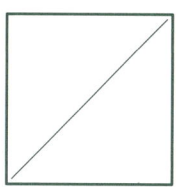

仮想線（かくれているところや次の形などをあらわす） — IMAGINARY LINE

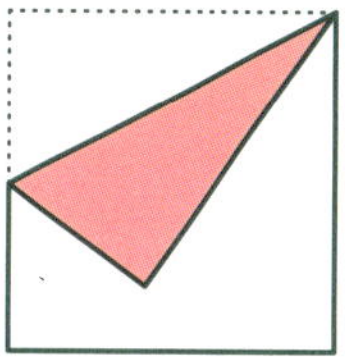

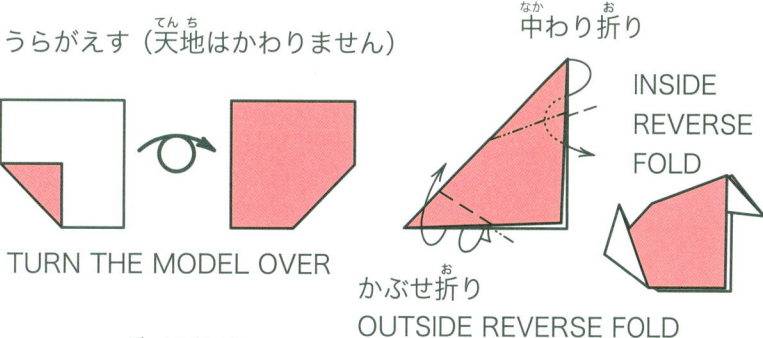

山折り — MOUNTAIN FOLD

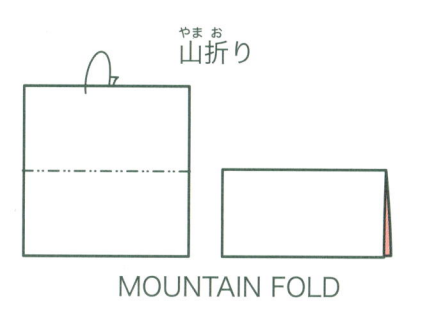

まくように折る — FOLD OVER AND OVER

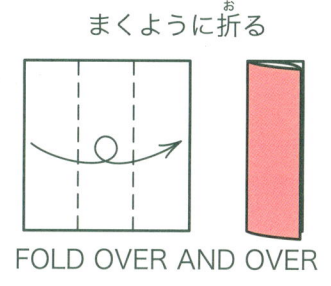

切りこみをいれる — CUT

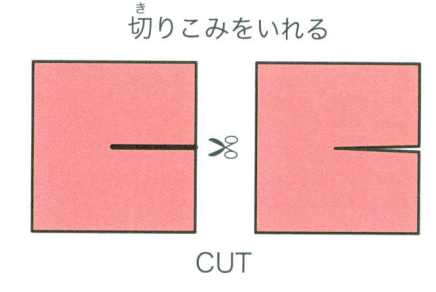

段折り — PLEAT

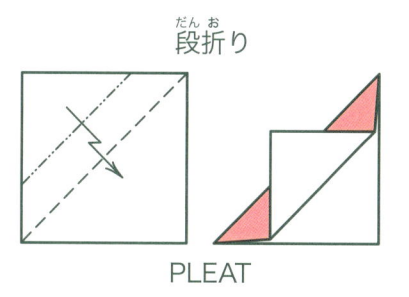

うらがえす（天地はかわりません） — TURN THE MODEL OVER

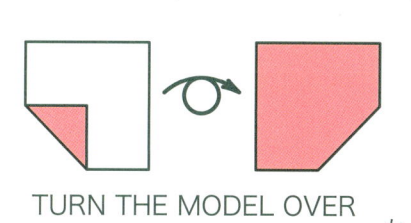

中わり折り — INSIDE REVERSE FOLD

かぶせ折り — OUTSIDE REVERSE FOLD

図を拡大する — ENLARGE

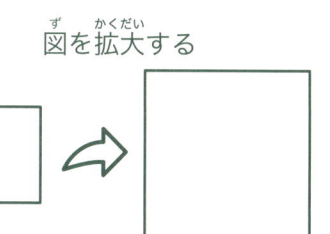

図を縮小する — REDUCE

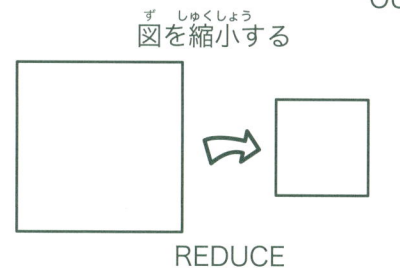

位置の転換 — TURN THE MODEL

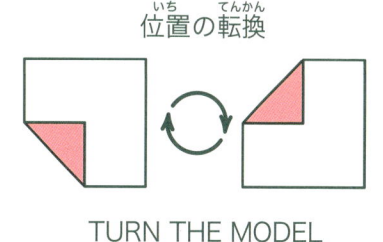

おもてに折る — FOLD IN FRONT

うしろに折る — FOLD BEHIND

さしこむ・引き出す — INSERT・PULL OUT

開く — OPEN

つぶす・押しこむ — SQUASH PUSH IN

ふくらます — BLOW UP

おりがみでクリスマス3

おりがみで もくじ Contents クリスマス3
〜サンタのおうち〜

口絵……………………………………… 1〜8   もくじ…………………………………… 10〜11
折り方の記号……………………………… 9   日本折紙協会案内………………………… 95

I. サンタさんのおともだち

テディベア	トイプードル	天使	星の小人さん	ゆきだるま、手ぶくろ
12〜13	14〜15	16〜17	18〜19	20〜21

II. おうちの中

おりがみドールハウス	椅子(いす)	テーブルクロスのついたテーブル	マントルピース	煙突(ペン立て)
22〜26	27	28〜29	30〜32	33

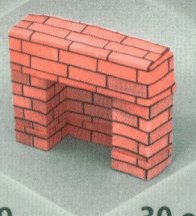

III. クリスマスのお茶会

りんご	ワインクーラー	ティーポットの封筒	コーヒーカップ	スプーン
34〜36	37	38〜39	40〜41	42〜

IV. クリスマスかざり

フォーク	ハートのハーフケーキ	くすだまツリー	クリスマスカクタス	クリスマスリース
44〜45	46〜47	48〜50	51	52

ポケットリース	ハートのリース	ポインセチアリース	飾り	雪のコースター
53	54〜55	56	57	58〜59

モザイク模様	燭台(しょくだい)つきキャンドル	リボン	リボン	リボンの付いたベル
60〜61	62〜63	64	65	66〜67

V. サンタさんはおおいそがし！

底のあるブーツ	ハートの秘密箱	クリスマスのくつした	教会	花のお楽しみBOX
68〜69	70〜71	72	73	74〜76

ながれ星	星	ほし	雪が積もった針葉樹(しんようじゅ)	そり
77	78	79	80〜81	82〜83

トナカイ	走れ！トナカイ	サンタがやってきた	サンタ	サンタクロース
84〜85	86〜87	88〜89	90〜91	92〜94

おりがみでクリスマス3

~サンタさんのおともだち~

Teddy bear by Ms. Shōko AOYAGI

テディベア　青柳祥子

伝承の奴(やっこ)さんを折ると、いつも心が落ち着きます。このテディベアも、奴(やっこ)さんをもとに作ったので、できあがったときになんだか気持ちも和みます。Have a safe & peaceful Christmas to everyone!　　　（作者）

（月刊おりがみ 352 号掲載）

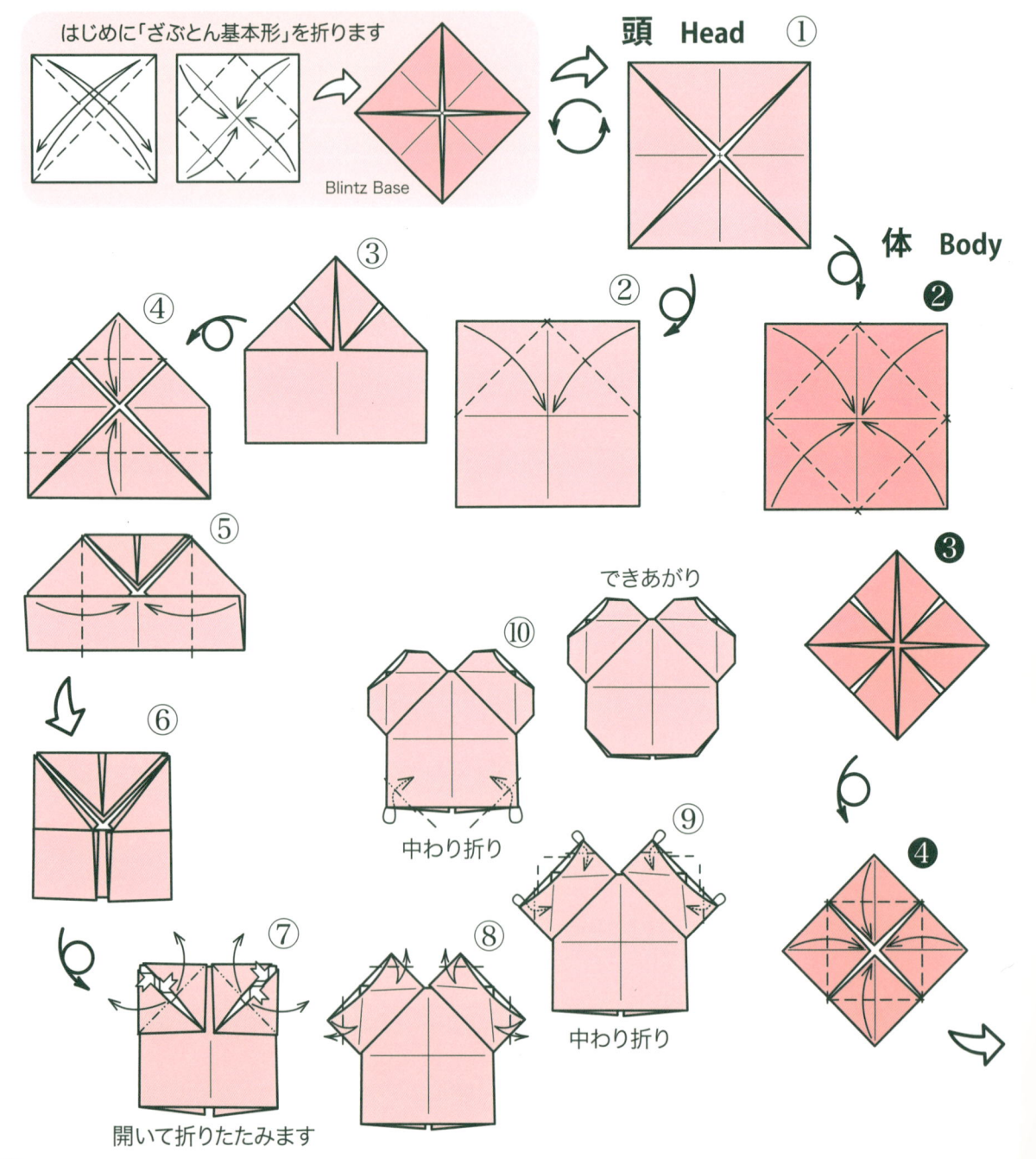

使用する紙：同じ大きさの正方形 2 枚

はじめに「ざぶとん基本形」を折ります

Blintz Base

頭　Head

体　Body

中わり折り

中わり折り

開いて折りたたみます

できあがり

12　おりがみでクリスマス 3

できあがり

●くみあわせかた●

できあがり

⑫ 開いて折りたたみます

頭に体をさしこんでのりづけします

顔をかきましょう

⑪ 中わり折り

⑩

⑨ 中わり折り

⑧

⑤

⑥ 開いて折りたたみます

⑦

おりがみでクリスマス3

~サンタさんのおともだち~

Toy poodle by Ms. Sunaho KUMADA
トイプードル 熊田スナホ

飼っているテディベアカットのトイプードルの可愛さを表わしてみました。鶴折りの発展として折るうちにできたものです。ショウワグリムのソフトハーモニーおりがみの色の濃淡のもち味と、この犬の仕草の特徴を生かすことに心がけました。　　　　　　　　　　（作者）

（月刊おりがみ340号掲載）

使用する紙：同じ大きさの正方形2枚

頭　Head

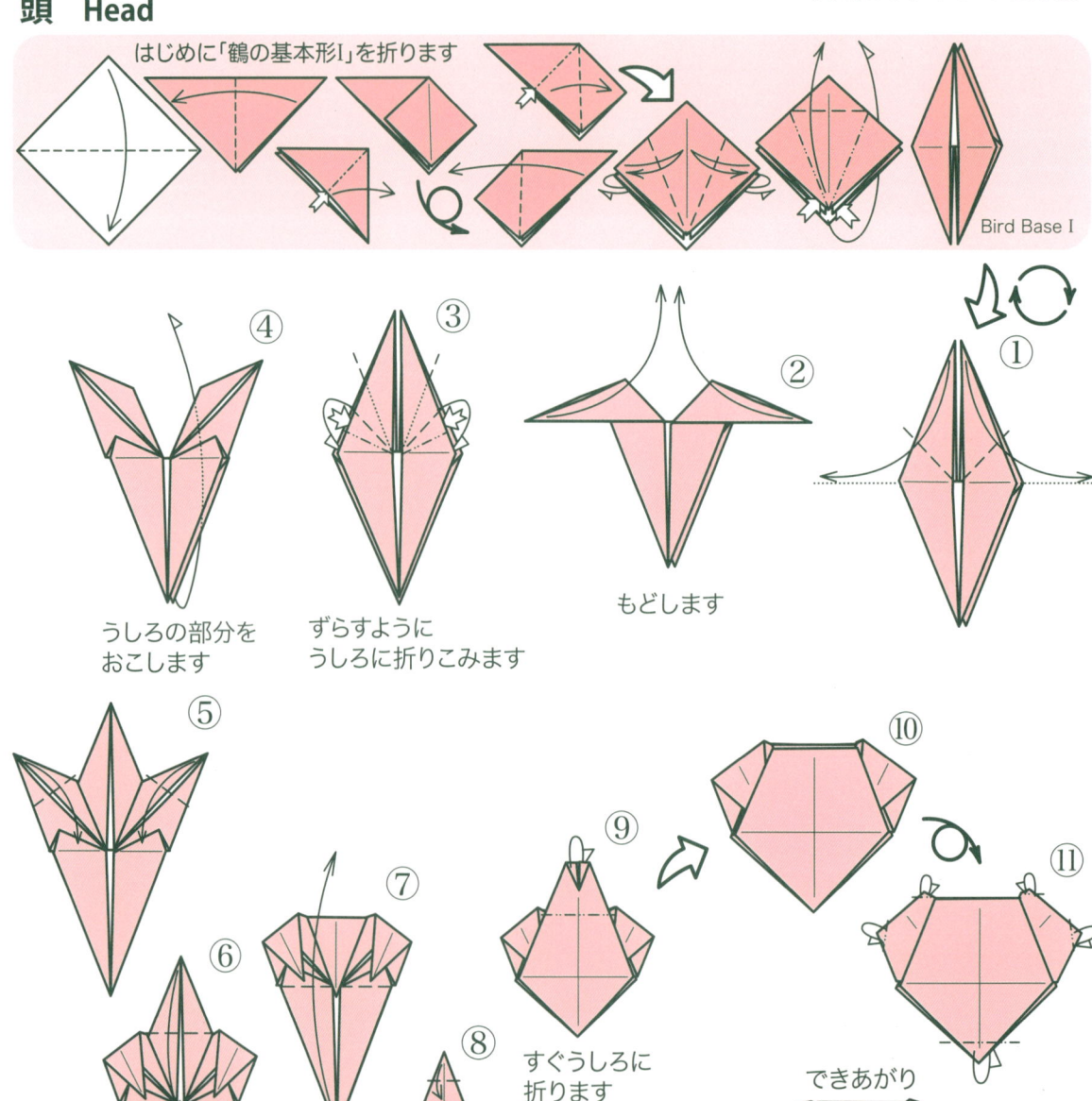

はじめに「鶴の基本形Ⅰ」を折ります

Bird Base Ⅰ

①
② もどします
③ ずらすようにうしろに折りこみます
④ うしろの部分をおこします
⑤
⑥
⑦
⑧ すぐうしろに折ります
⑨
⑩
⑪ できあがり

14　おりがみでクリスマス3

体　Body

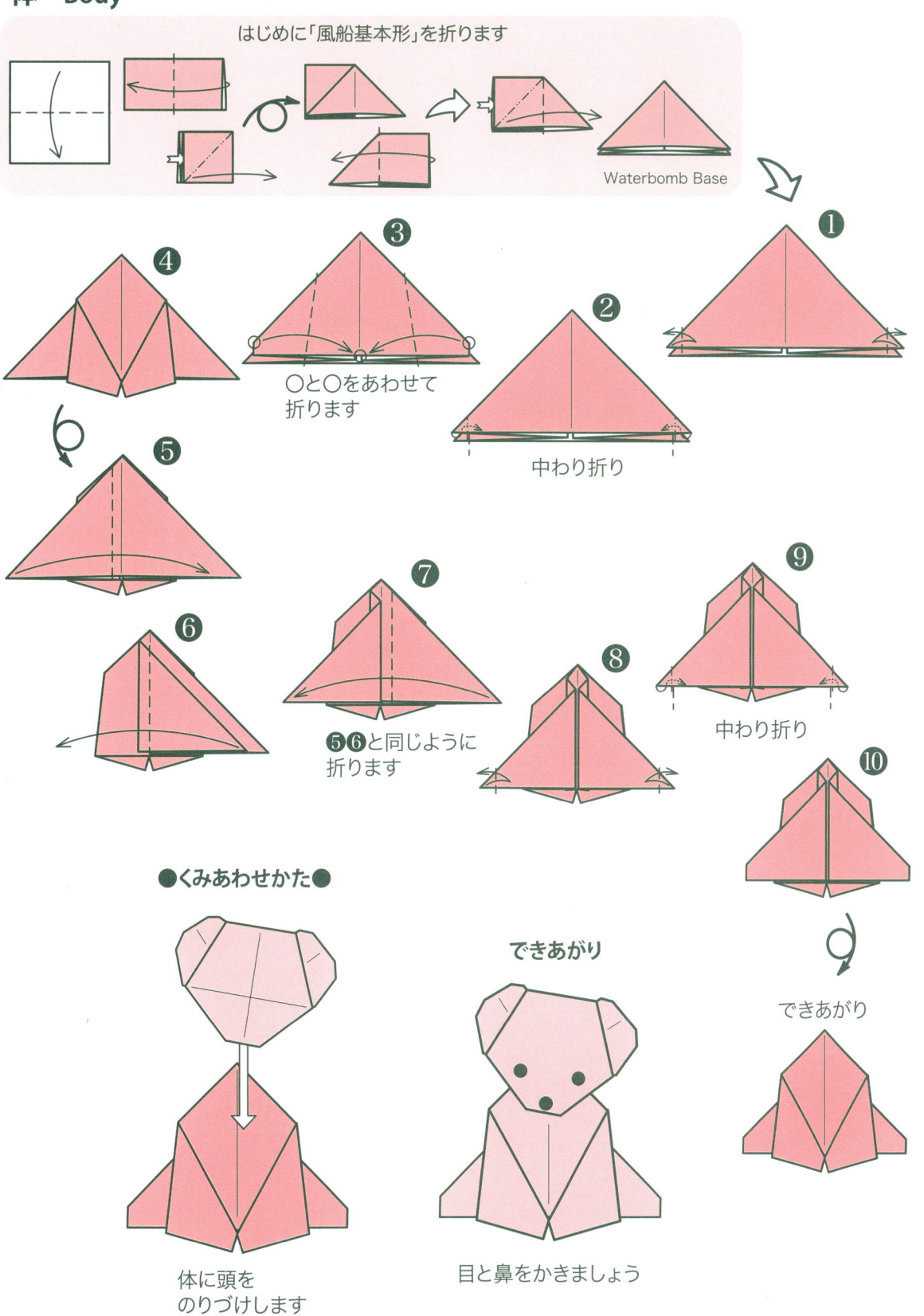

はじめに「風船基本形」を折ります

Waterbomb Base

○と○をあわせて折ります

中わり折り

❺❻と同じように折ります

中わり折り

できあがり

●くみあわせかた●

体に頭をのりづけします

できあがり

目と鼻をかきましょう

おりがみでクリスマス3　**15**

~サンタさんのおともだち~

Angel by Mr. Ryō AOKI

天使 青木 良

天使の顔は、みなさんのイメージがあると思いますので、自由に描いて、かわいい天使をつくってください。

（作者）

（月刊おりがみ 376 号掲載）

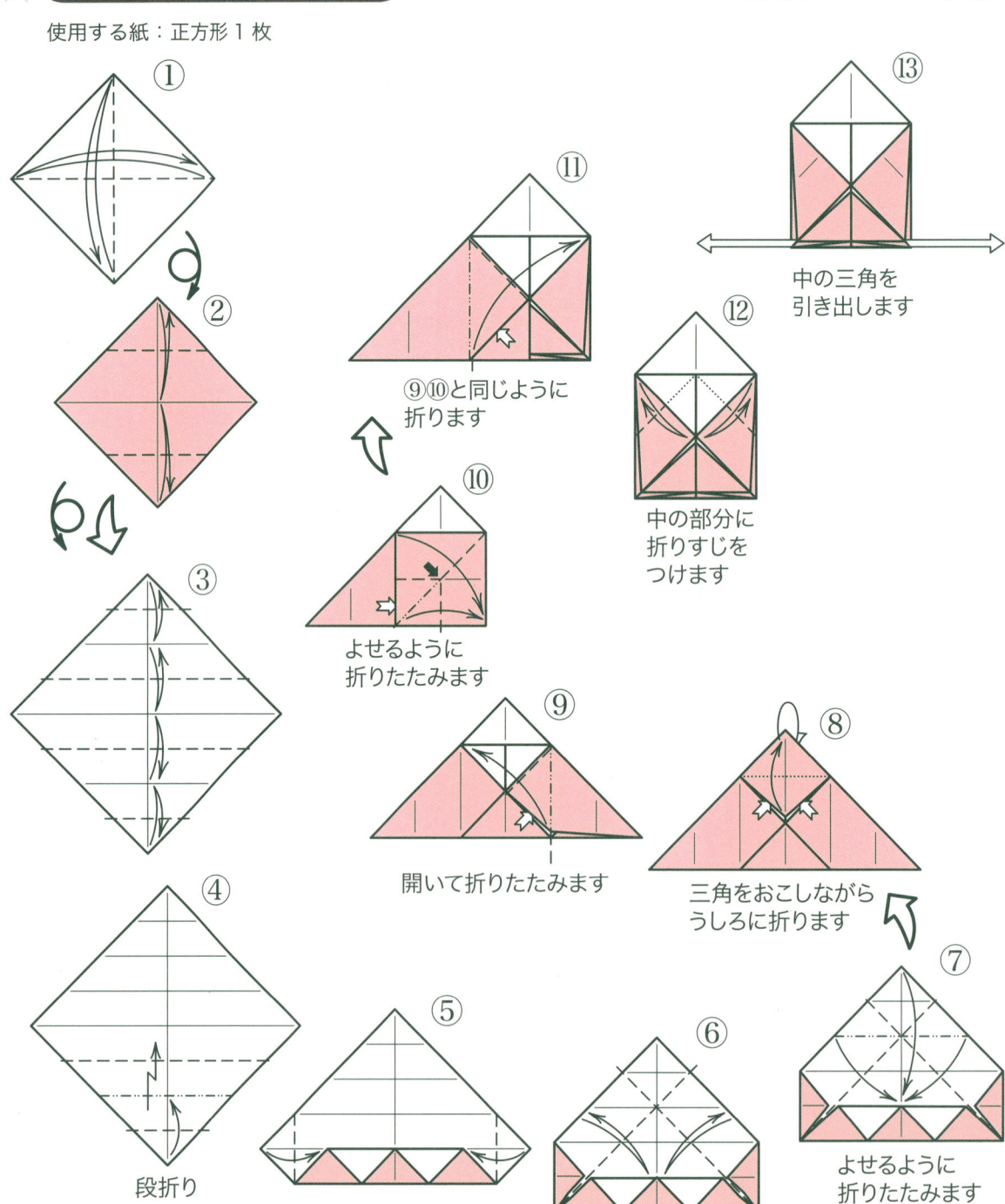

使用する紙：正方形1枚

①

②

③

④ 段折り

⑤

⑥

⑦ よせるように折りたたみます

⑧ 三角をおこしながらうしろに折ります

⑨ 開いて折りたたみます

⑩ よせるように折りたたみます

⑪ ⑨⑩と同じように折ります

⑫ 中の部分に折りすじをつけます

⑬ 中の三角を引き出します

16 おりがみでクリスマス3

⑭-1（途中図）

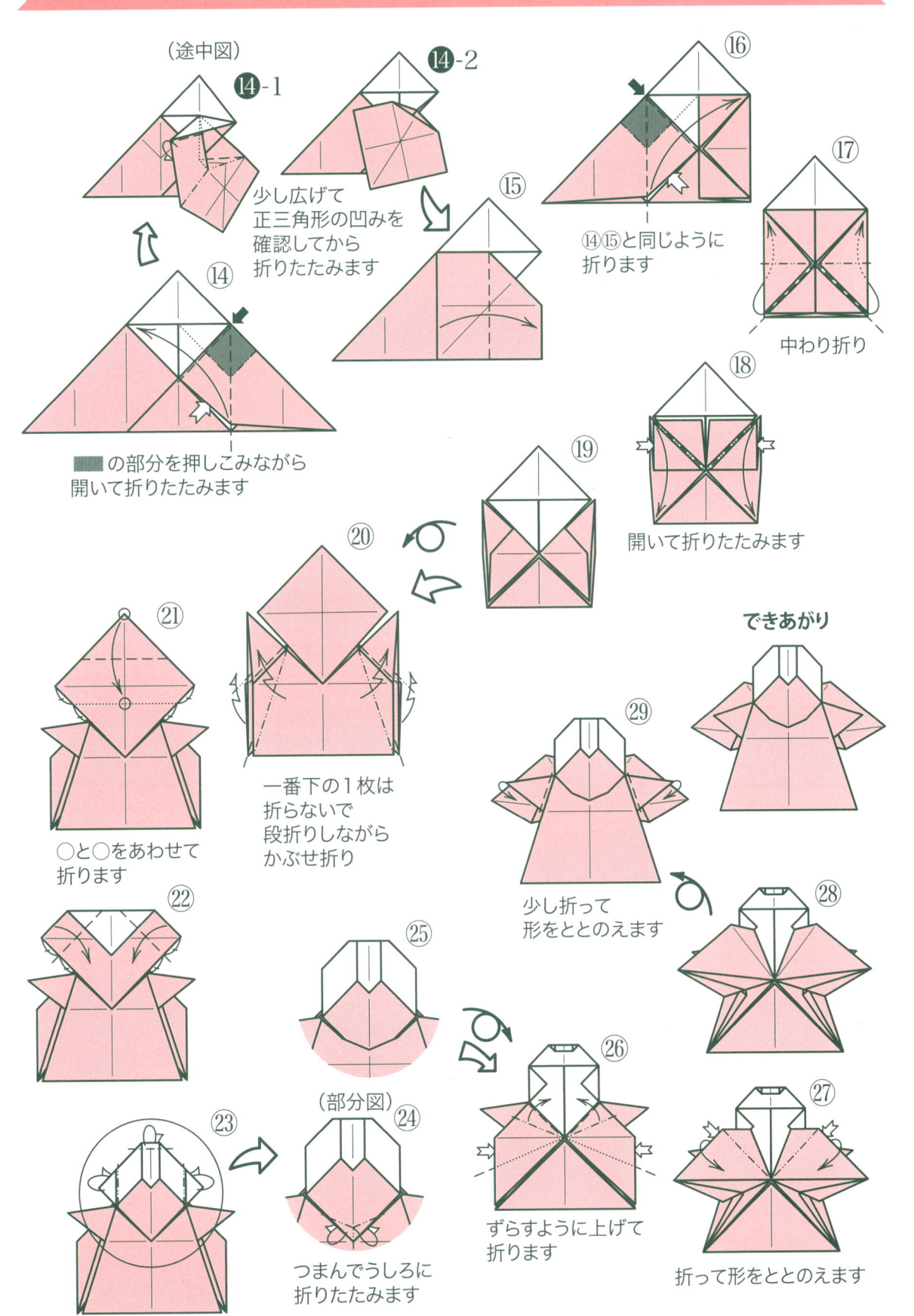

⑭-2 少し広げて正三角形の凹みを確認してから折りたたみます

⑭ ■の部分を押しこみながら開いて折りたたみます

⑮

⑯ ⑭⑮と同じように折ります

⑰ 中わり折り

⑱ 開いて折りたたみます

⑲

⑳ 一番下の1枚は折らないで段折りしながらかぶせ折り

㉑ ○と○をあわせて折ります

㉒

㉓

㉔（部分図）つまんでうしろに折りたたみます

㉕

㉖ ずらすように上げて折ります

㉗ 折って形をととのえます

㉘

㉙ 少し折って形をととのえます

できあがり

おりがみでクリスマス3　**17**

~サンタさんのおともだち~

Star fairy by Ms. Ayako KAWATE

星の小人さん　川手章子

少しふくら味のある星の小人さんとなり、うしろ姿はお星さまです。夜空にキラキラ光るお星さまを見上げてはいいな…と思います。
(作者)

(月刊おりがみ407号掲載)

使用する紙：正方形1枚

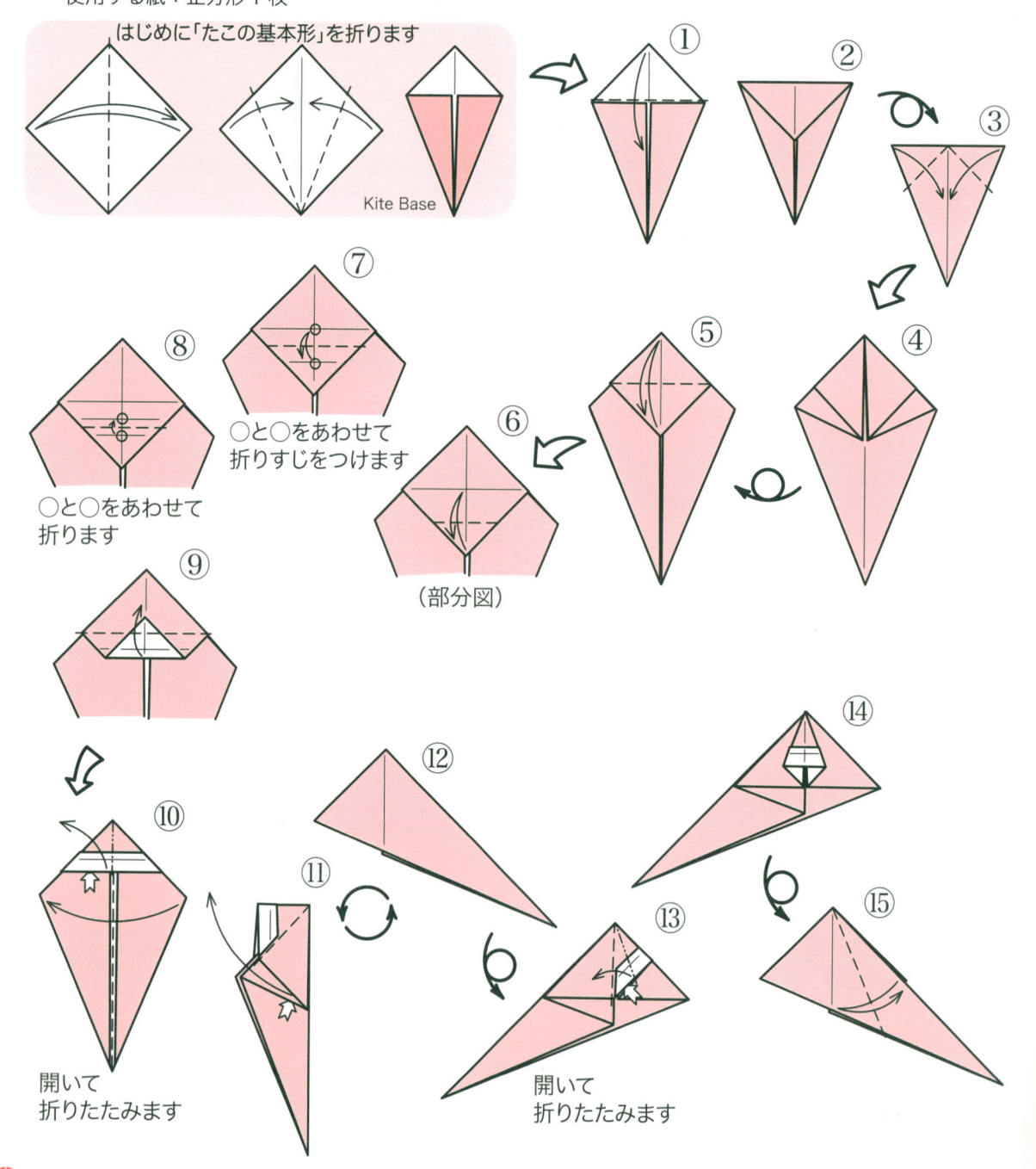

はじめに「たこの基本形」を折ります

Kite Base

① ② ③ ④ ⑤ ⑥ (部分図) ⑦ ○と○をあわせて折りすじをつけます ⑧ ○と○をあわせて折ります ⑨ ⑩ 開いて折りたたみます ⑪ ⑫ ⑬ 開いて折りたたみます ⑭ ⑮

18　おりがみでクリスマス3

㉖ ㉗

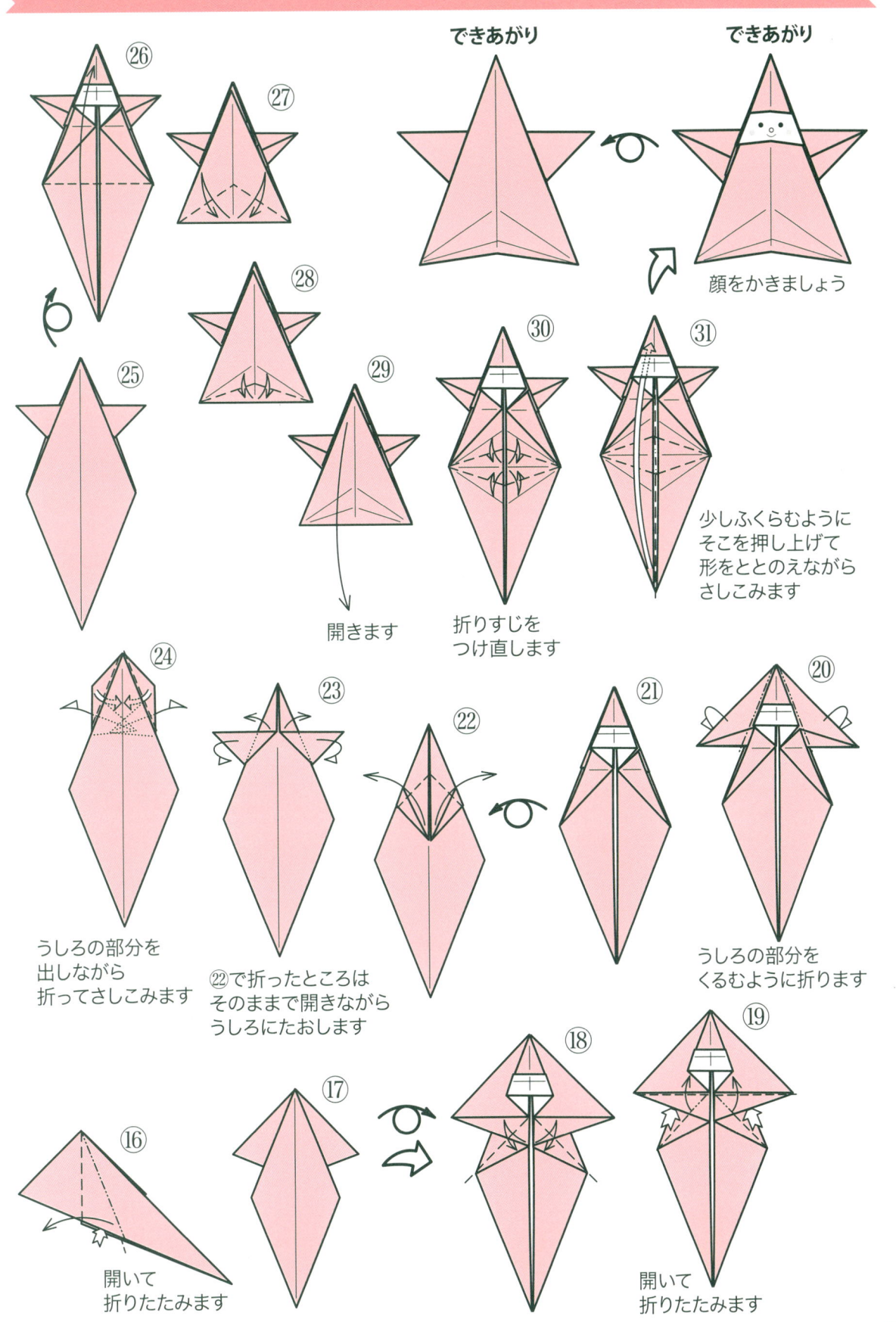

できあがり できあがり

顔をかきましょう

㉕ ㉘ ㉙ ㉚ ㉛

少しふくらむように
そこを押し上げて
形をととのえながら
さしこみます

開きます

折りすじを
つけ直します

㉔ ㉓ ㉒ ㉑ ⑳

うしろの部分を
出しながら
折ってさしこみます

㉒で折ったところは
そのままで開きながら
うしろにたおします

うしろの部分を
くるむように折ります

⑯ ⑰ ⑱ ⑲

開いて
折りたたみます

開いて
折りたたみます

おりがみでクリスマス3　**19**

~サンタさんのおともだち~

Snowman and Mittens by Ms. Akiko YAMANASHI

ゆきだるま、手ぶくろ

山梨明子

写真の作品は、ゆきだるま15cm角、手ぶくろ4cm角で折っています。　　　　　　　　　（編）

（月刊おりがみ306号掲載）

使用する紙：ゆきだるま…正方形1枚　手ぶくろ…同じ大きさの正方形2枚

ゆきだるま　Snowman

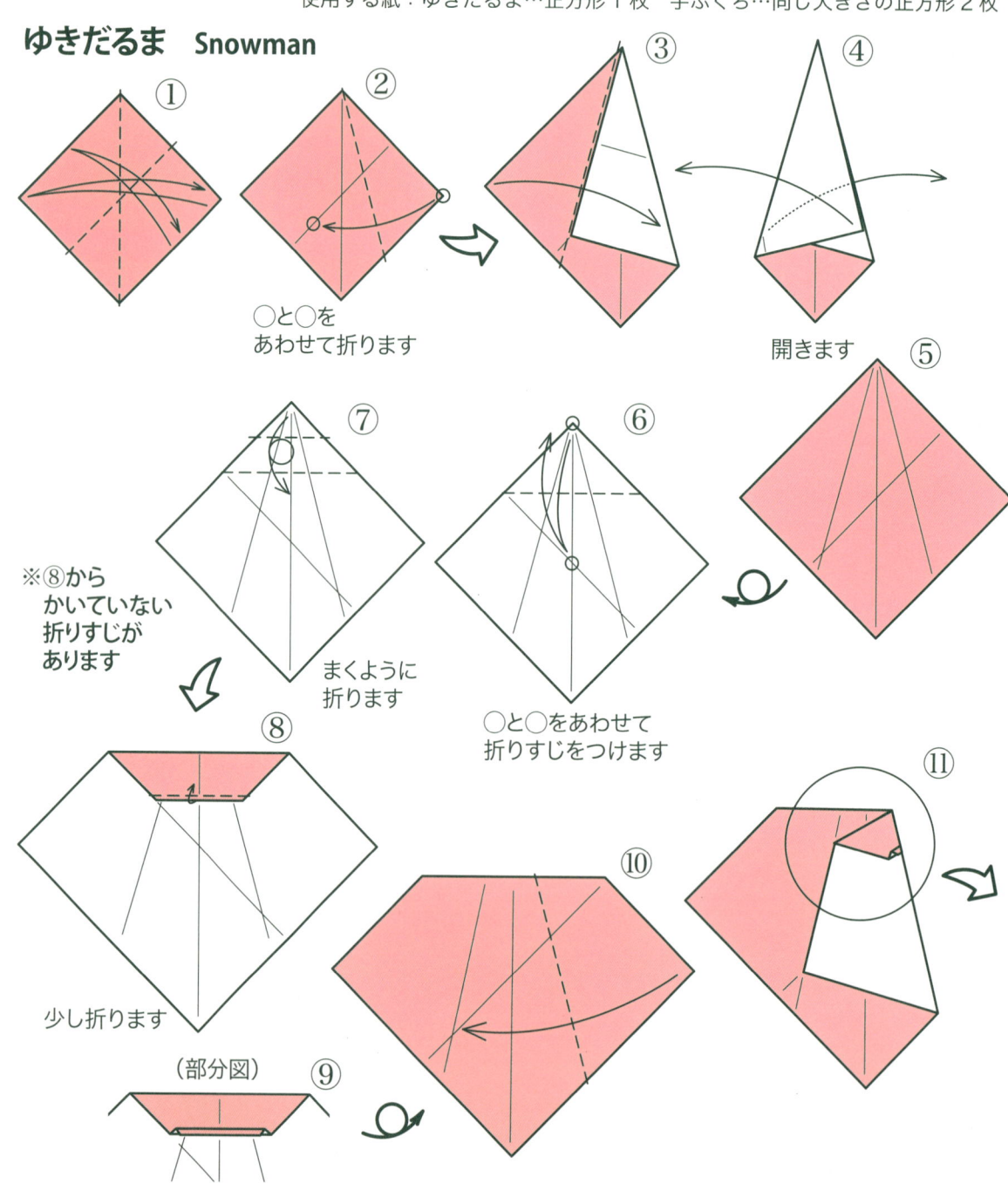

①

② ○と○をあわせて折ります

③

④ 開きます

⑤

⑥ ○と○をあわせて折りすじをつけます

⑦ まくように折ります

※⑧からかいていない折りすじがあります

⑧ 少し折ります

⑨（部分図）

⑩

⑪

手ぶくろ　Mittens

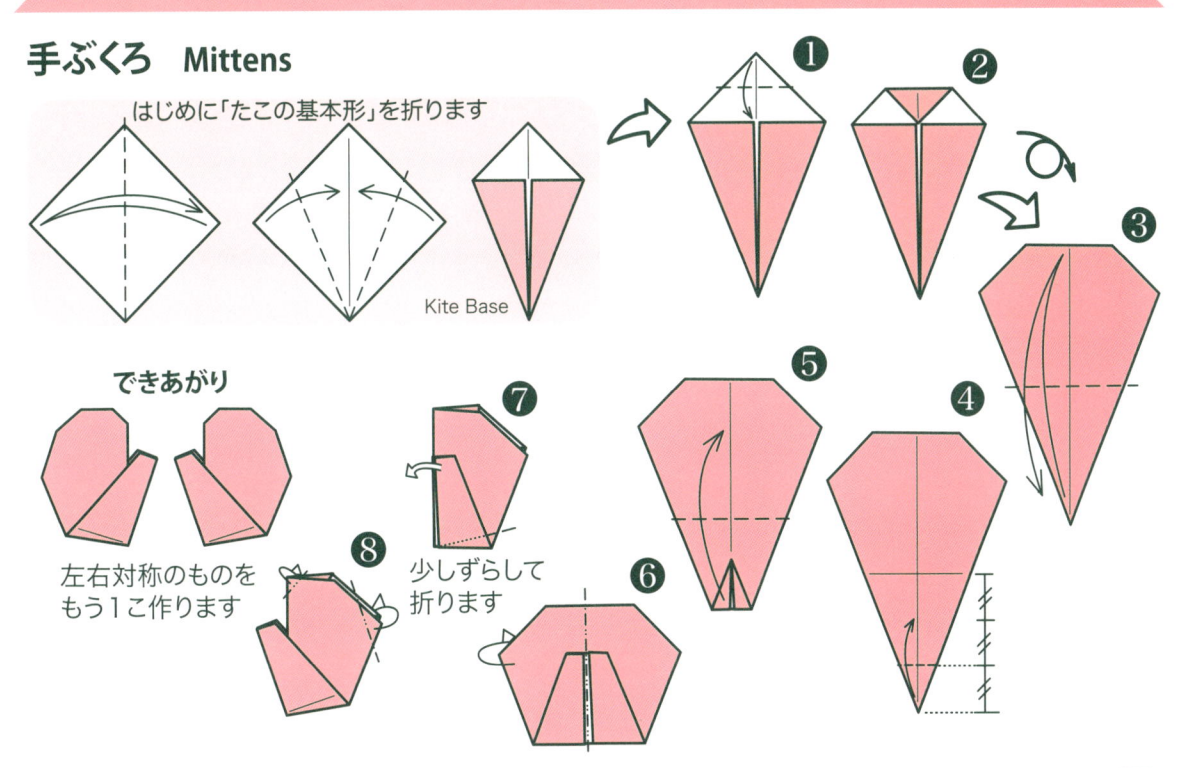

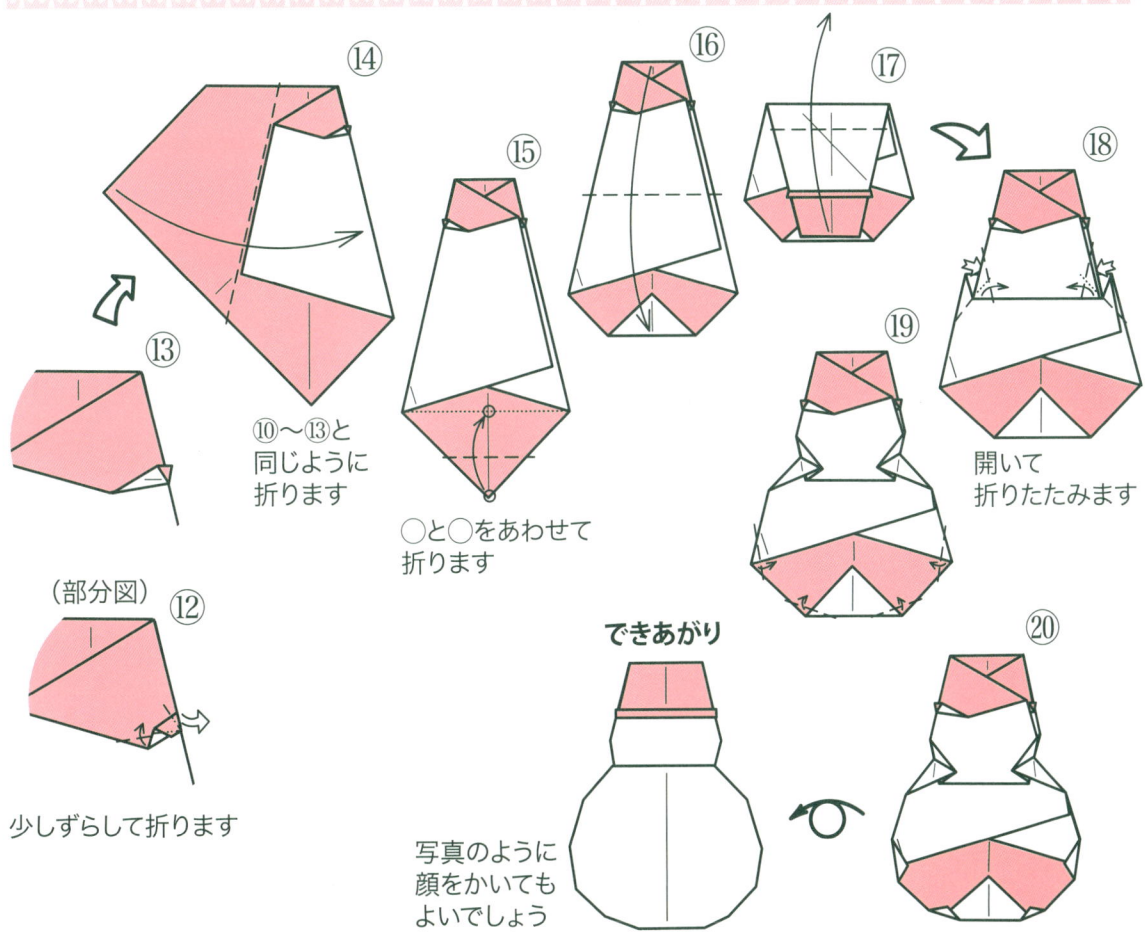

はじめに「たこの基本形」を折ります

Kite Base

できあがり

左右対称のものを
もう1こ作ります

⑦ 少しずらして折ります

⑩〜⑬と同じように折ります

○と○をあわせて折ります

（部分図）⑫
少しずらして折ります

できあがり

写真のように
顔をかいても
よいでしょう

開いて
折りたたみます

おりがみでクリスマス3　**21**

～おうちの中～

Doll house by Ms. Akiko Yamanashi

おりがみドールハウス 山梨明子

簡単に折れて、かわいいドールハウスです。家も家具も、なるべく正方形一枚で、やさしく折れるように工夫しました。お好きなインテリアで、すてきな部屋作りを楽しんでください。　　　　　（作者）

（月刊おりがみ 232 号掲載）

使用する紙：家…15cm×15cm 1枚　　窓…5cm×5cm 1枚
　　　　　　ロッキング・チェア…7.5cm×7.5cm 1枚
　　　　　　ベッド…3.75cm×11.25cm 1枚

家　House

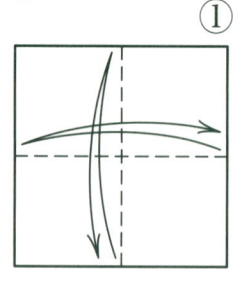

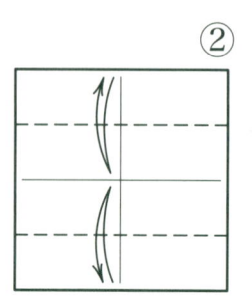

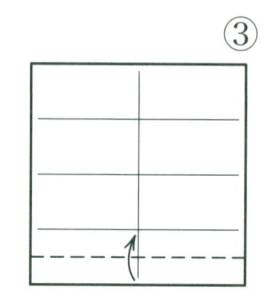

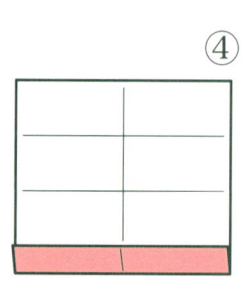

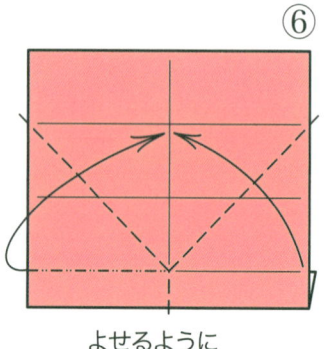

① ② ③ ④ ⑤ ⑥

よせるように
折りたたみます

⑦ ○と○をあわせて
上の1枚を
折って開きます

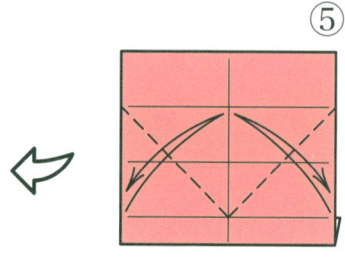

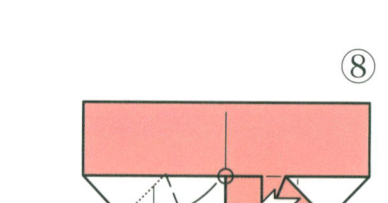

⑧ ○と○をあわせて
上の1枚を
折って開きます

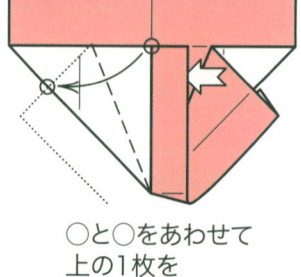

⑨ ひっくりかえして
立体に形をととのえます

22　おりがみでクリスマス3

ロッキング・チェア　Rocking chair

次ページに
つづく

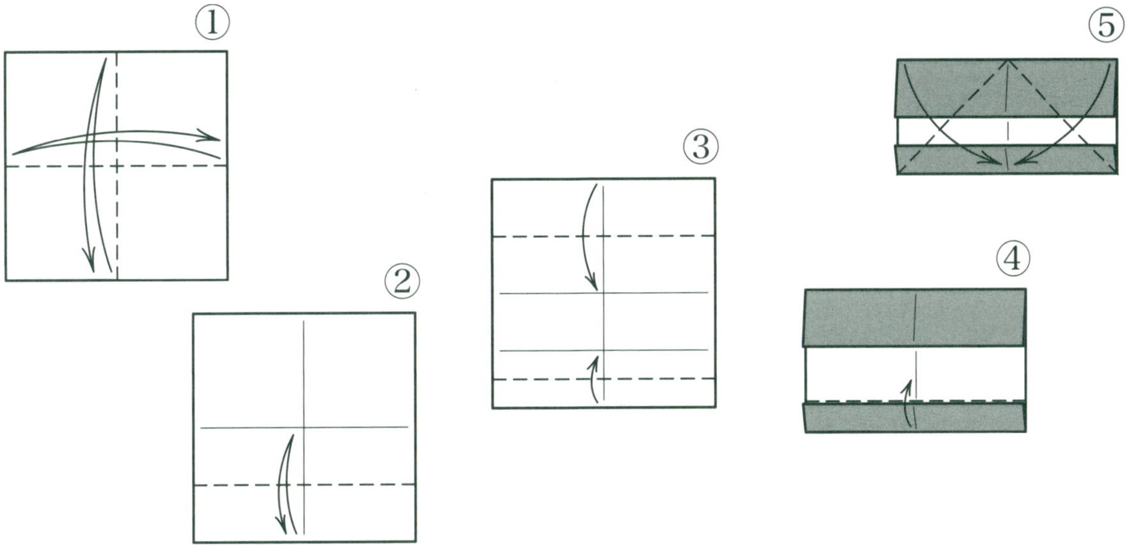

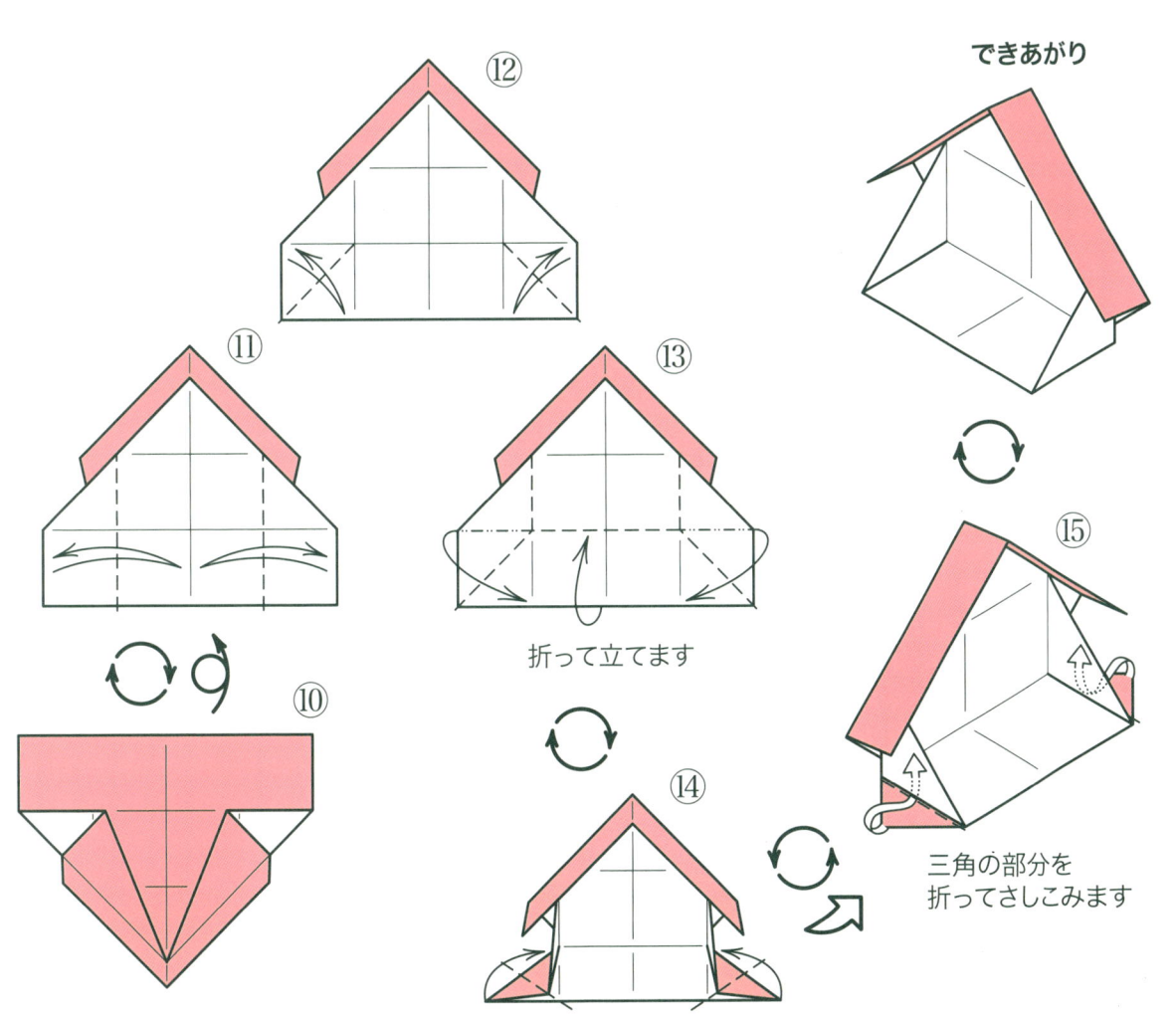

折って立てます

できあがり

三角の部分を
折ってさしこみます

おりがみでクリスマス3　23

前ページから
つづく

⑥ 開いて折りたたみます

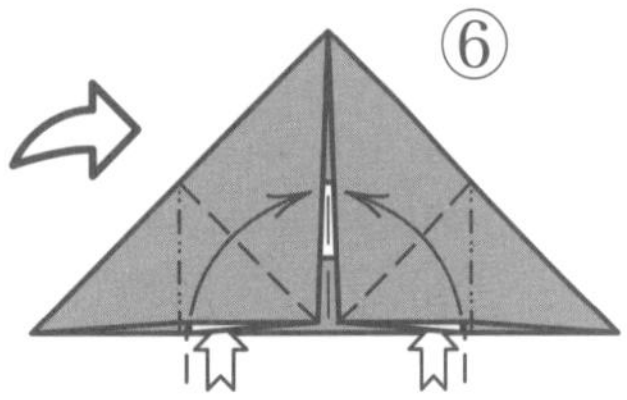

⑦

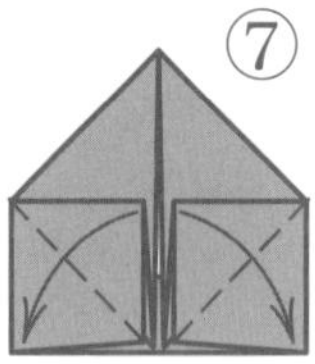

⑧

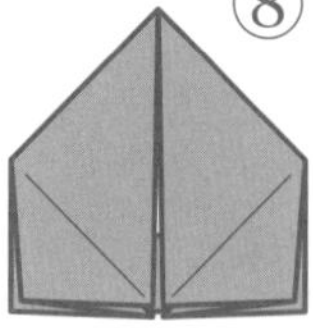

⑨

⑩

⑪ よせるように折って立体にします

⑫

⑬ 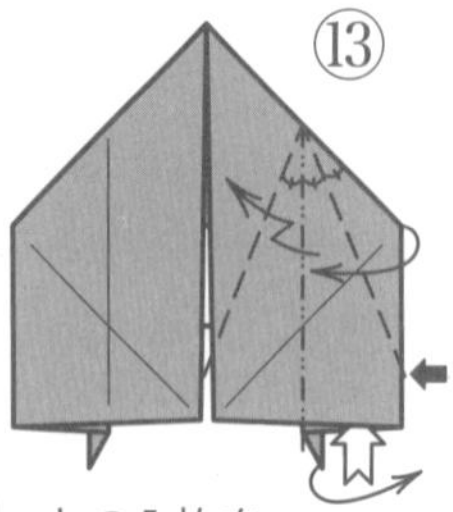 上の1枚を段折りしながらよせるように折ります

⑬（参考写真）

※下の部分がそりかえります（⑭も同じ）

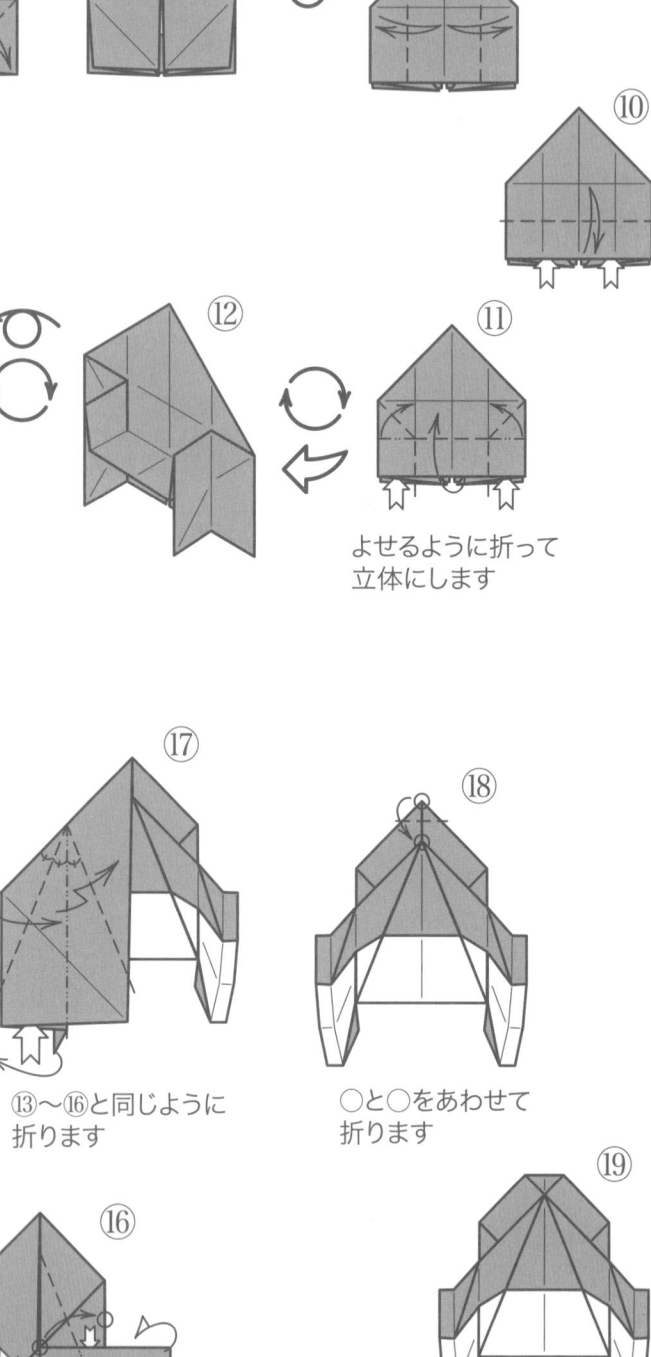

⑭ 引き出します

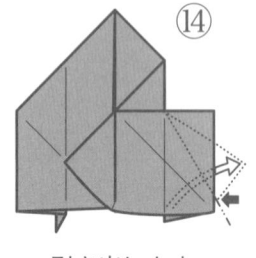

⑮ 折って立てて形をととのえます

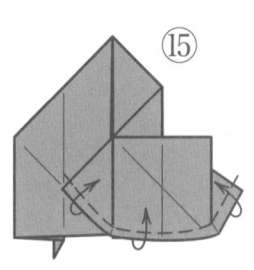

⑯ ○と○をあわせて折ります

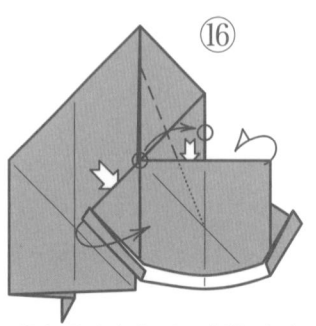

⑰ ⑬〜⑯と同じように折ります

⑱ ○と○をあわせて折ります

⑲

24　おりがみでクリスマス3

窓　Window

※②⑤⑥で折る加減で形が変わります

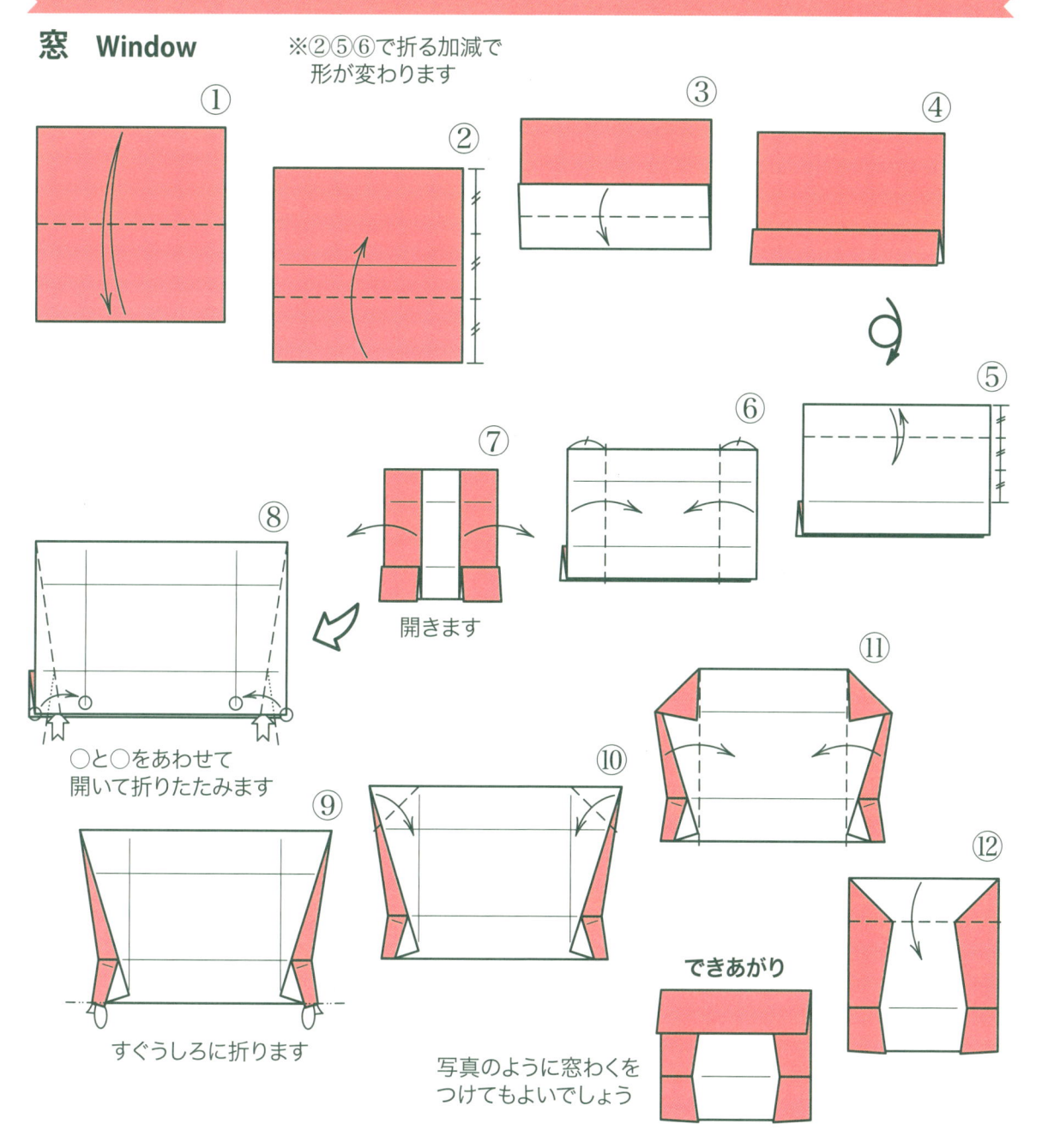

○と○をあわせて開いて折りたたみます

開きます

すぐうしろに折ります

できあがり

写真のように窓わくをつけてもよいでしょう

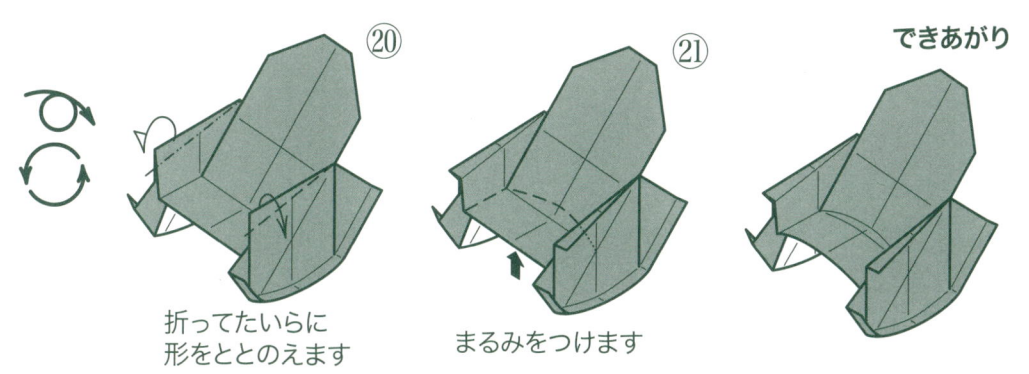

折ってたいらに形をととのえます

まるみをつけます

できあがり

ベッド　Bed

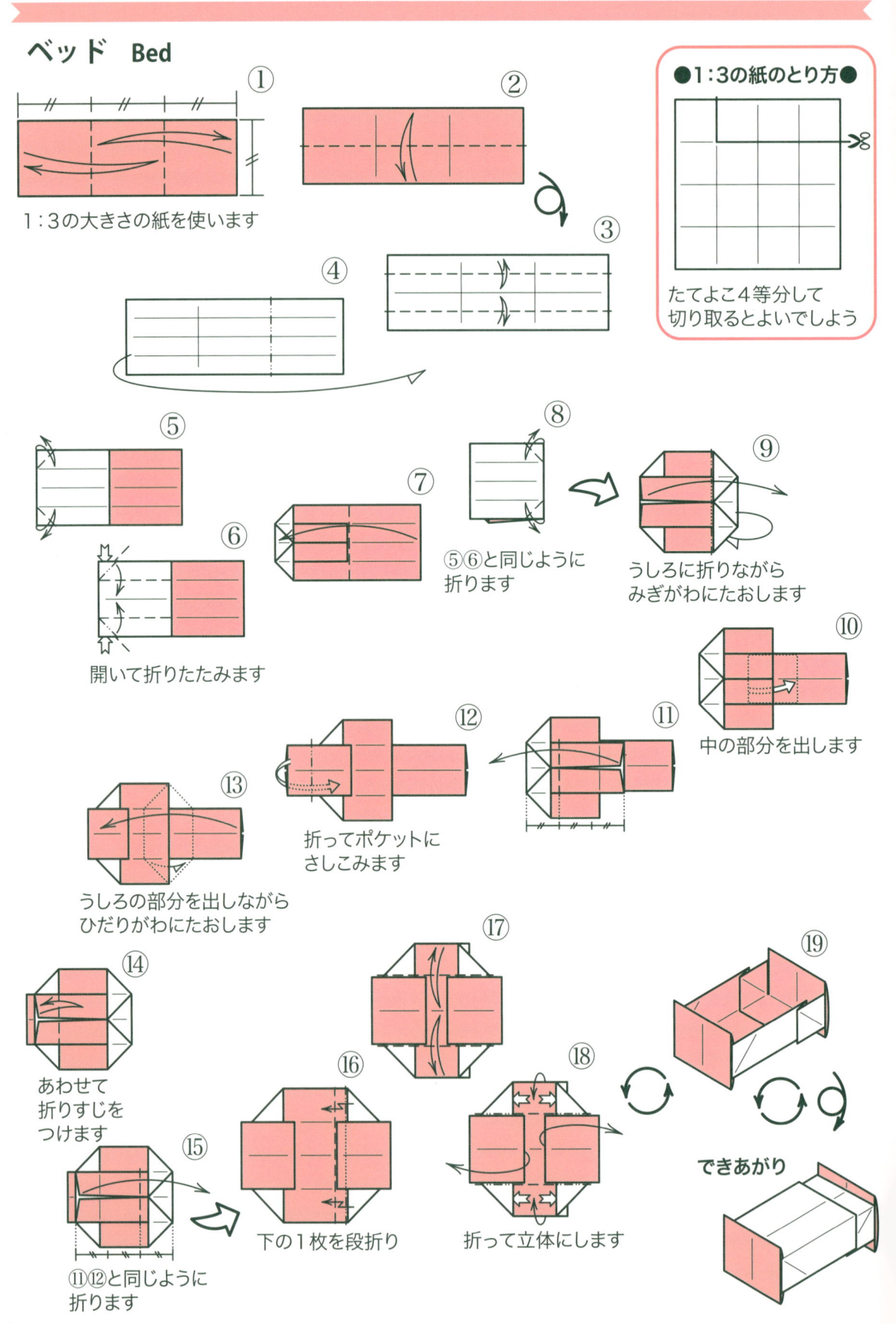

① 1:3の大きさの紙を使います

●1:3の紙のとり方●
たてよこ4等分して切り取るとよいでしょう

②
③
④
⑤
⑥ 開いて折りたたみます
⑦
⑧ ⑤⑥と同じように折ります
⑨ うしろに折りながらみぎがわにたおします
⑩ 中の部分を出します
⑪
⑫ 折ってポケットにさしこみます
⑬ うしろの部分を出しながらひだりがわにたおします
⑭ あわせて折りすじをつけます
⑮ ⑪⑫と同じように折ります
⑯ 下の1枚を段折り
⑰
⑱ 折って立体にします
⑲

できあがり

26　おりがみでクリスマス3

~おうちの中~

Chair by Mr. Seiryō TAKEKAWA

椅子 竹川青良

作者の竹川さんはこの作品と同じような形から「おたまじゃくし」（「おりがみ傑作選2」収録）も作られています。

（月刊おりがみ21号掲載）

使用する紙：正方形1枚

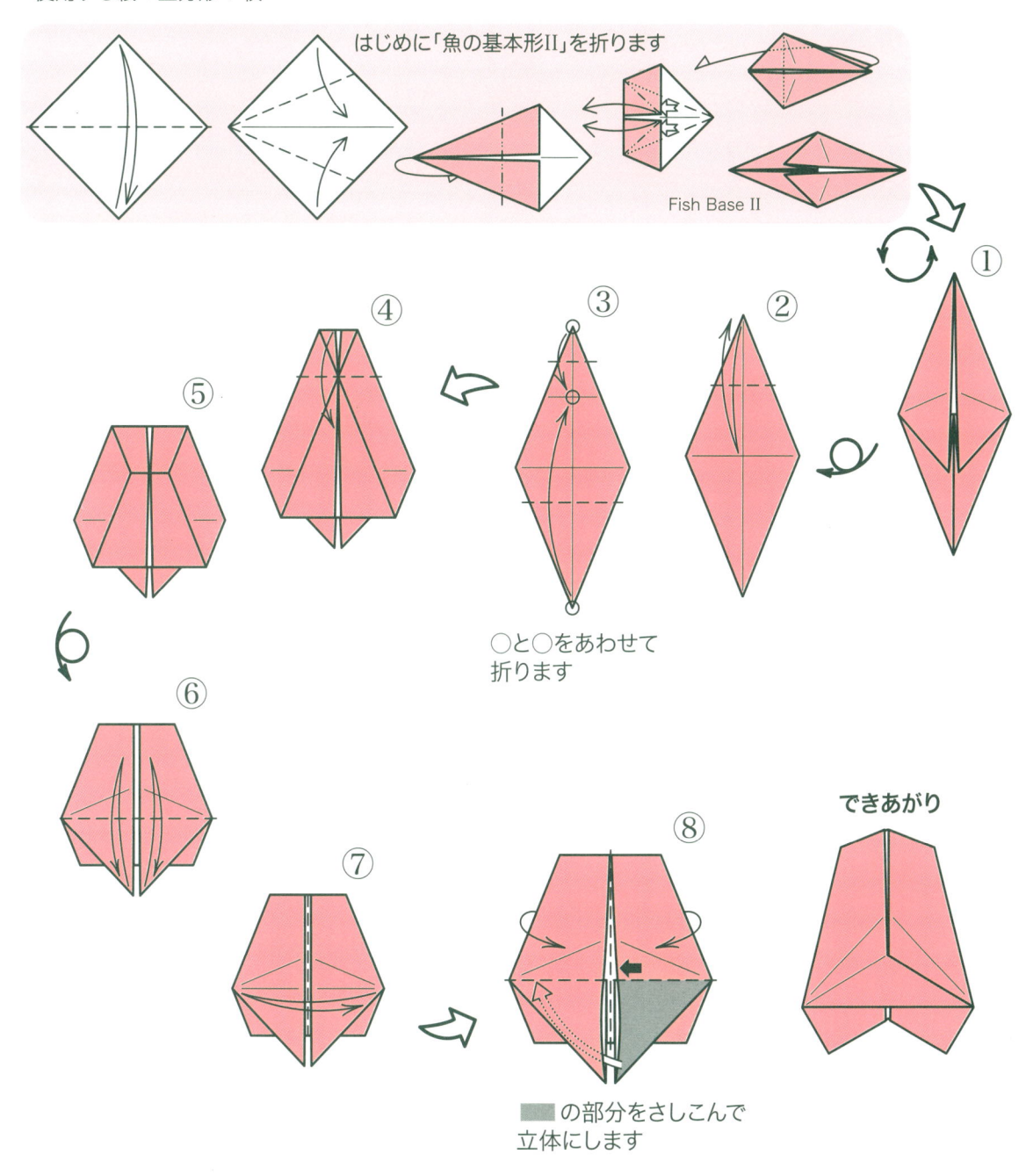

はじめに「魚の基本形II」を折ります

Fish Base II

① ② ③ ○と○をあわせて折ります ④ ⑤ ⑥ ⑦ ⑧ ■の部分をさしこんで立体にします

できあがり

おりがみでクリスマス3　**27**

~おうちの中~

Table with a tablecloth by Ms. Taiko NIWA

テーブルクロスのついたテーブル

丹羽兌子

伝承のテーブルをアレンジしてテーブルクロスをつけました。　　　　　　　　　　　　　　　（作者）

（月刊おりがみ 279 号掲載）

使用する紙：正方形 1 枚

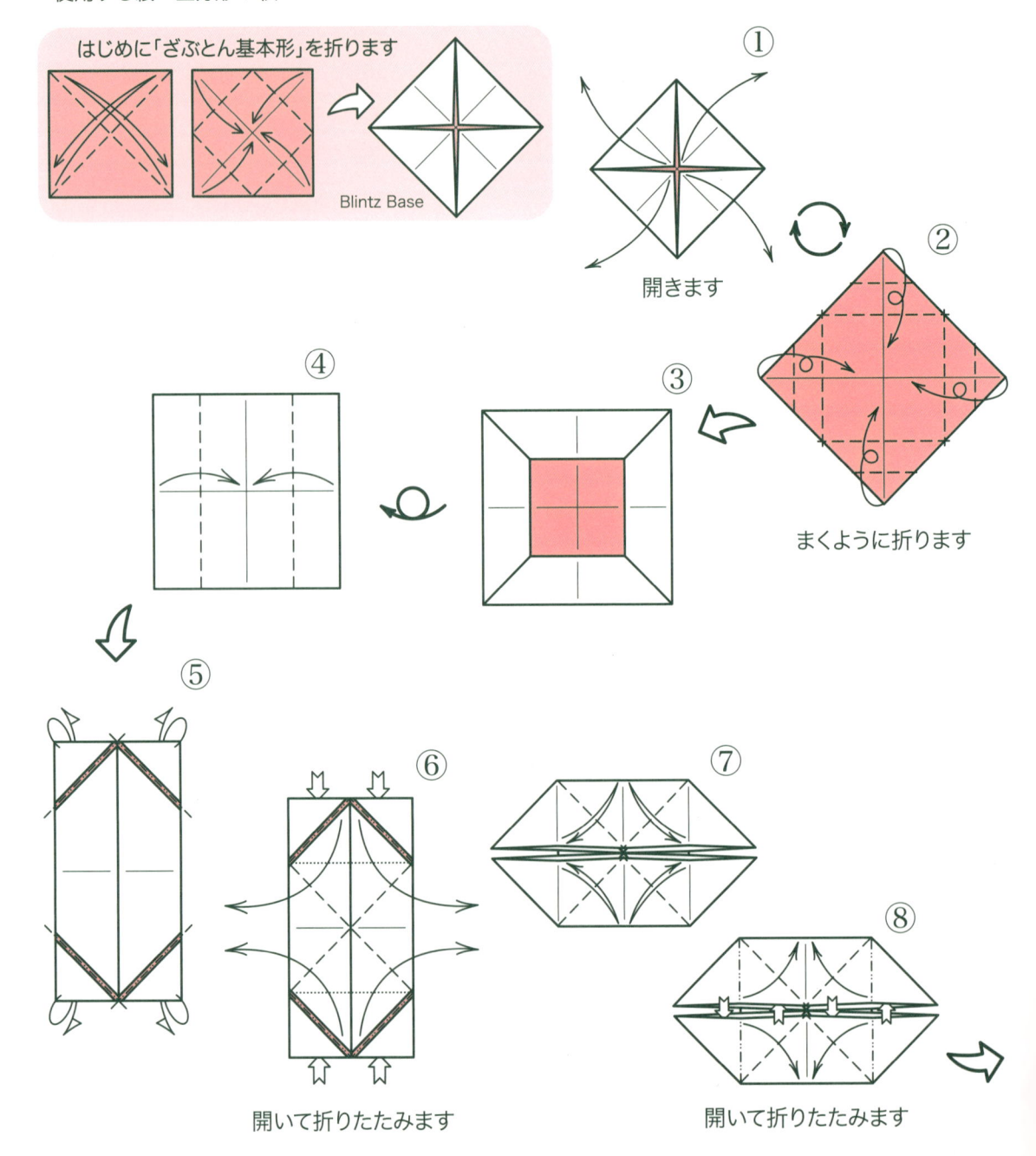

はじめに「ざぶとん基本形」を折ります

Blintz Base

① 開きます

② まくように折ります

③

④

⑤

⑥ 開いて折りたたみます

⑦

⑧ 開いて折りたたみます

28　おりがみでクリスマス 3

ドールハウスを作りましょう

口絵のドールハウスで使ったおもな作品の紙の大きさです。ドールハウス作りの参考にしてください。少し小さめですので、お好みの大きさで、あなたのおうちを作ってください。

ドールハウス　30cm×30cm
窓　10cm×10cm
クリスマスリース　1.5cm×1.5cm
リボン　4cm×4cm
ベッド　6cm×18cm
クリスマスのくつした　4cm×4cm
マントルピース　12cm×12cm
燭台つきキャンドル　4cm×4cm
椅子　7.5cm×7.5cm
テーブルクロスのついたテーブル　12.5cm×12.5cm

クッション（モザイク模様の単体B）2.5cm×2.5cm、3.5cm×3.5cm
コーヒーカップ　5.5cm×2.75cm
ティーポットの封筒　4cm×4cm
ハートのハーフケーキ　3cm×3cm
ロッキングチェア　12cm×12cm
くすだまツリー　10cm×10cm
星　3cm×3cm
マット（モザイク模様）11cm×11cm

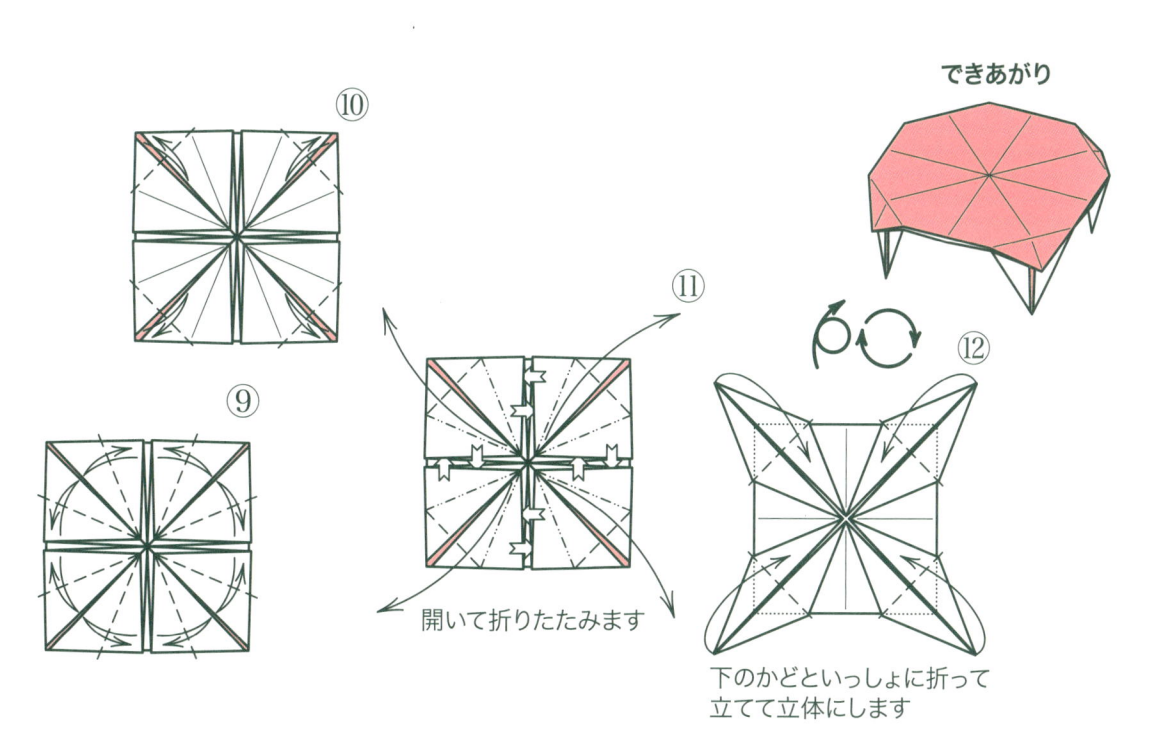

⑨

⑩

⑪ 開いて折りたたみます

⑫ 下のかどといっしょに折って立てて立体にします

できあがり

おりがみでクリスマス3

~おうちの中~

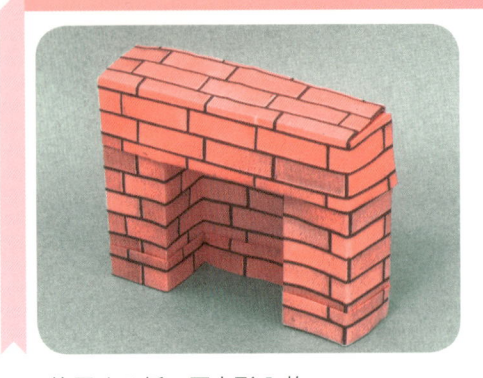

Mantelpiece by Mr. Ichirō KINOSHITA

マントルピース　木下一郎

マントルピースとは、上に飾りだなのついた暖炉のことです。右の写真は、作者の木下さんがお得意の「レンガ折り」をしてから折った究極版（火床付き）です。

使用する紙：正方形1枚

（月刊おりがみ158号掲載）

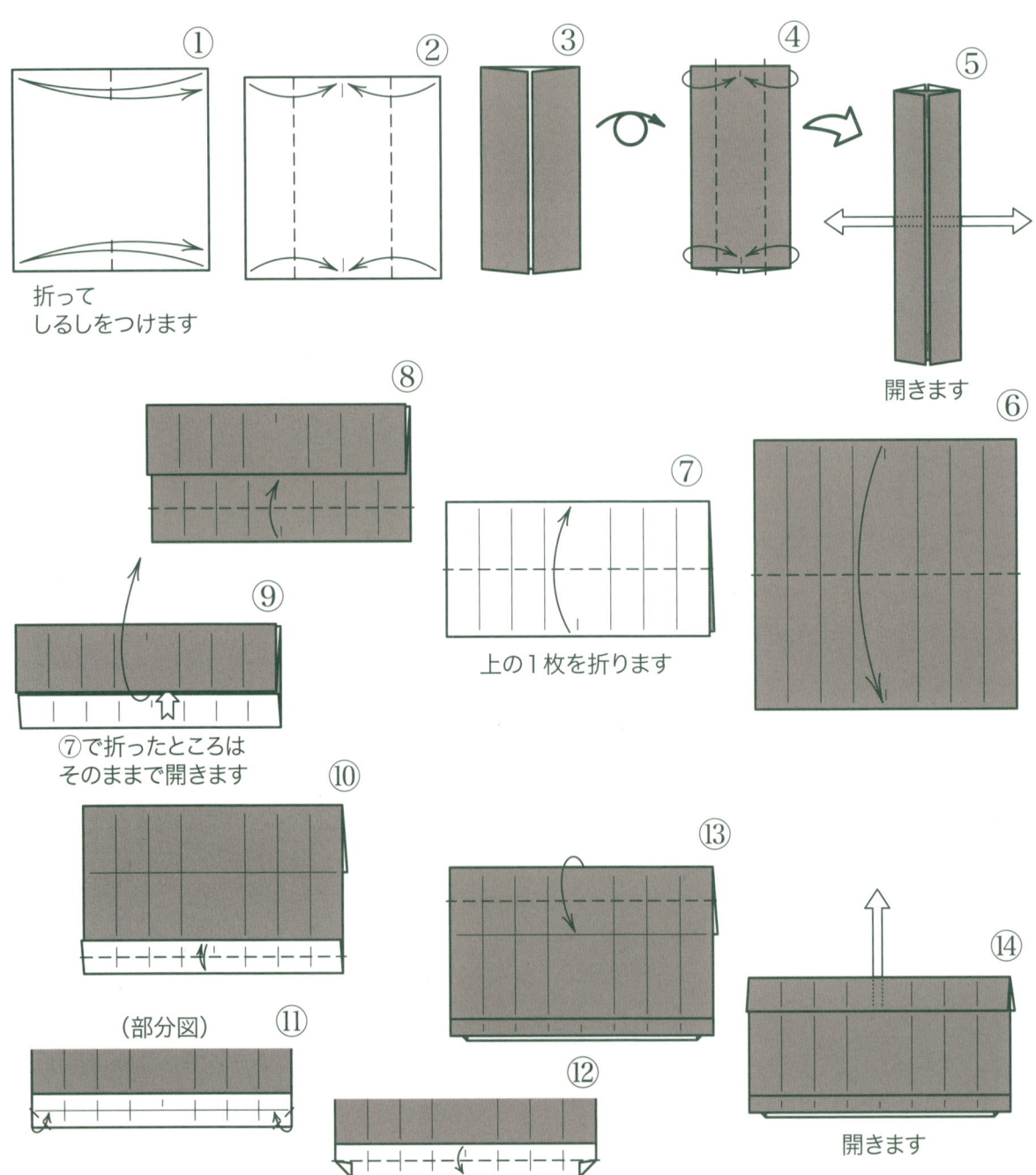

① 折ってしるしをつけます

②

③

④

⑤ 開きます

⑥

⑦ 上の1枚を折ります

⑧

⑨ ⑦で折ったところはそのままで開きます

⑩

⑪ （部分図）

⑫

⑬

⑭ 開きます

30　おりがみでクリスマス3

㉓ 開きます

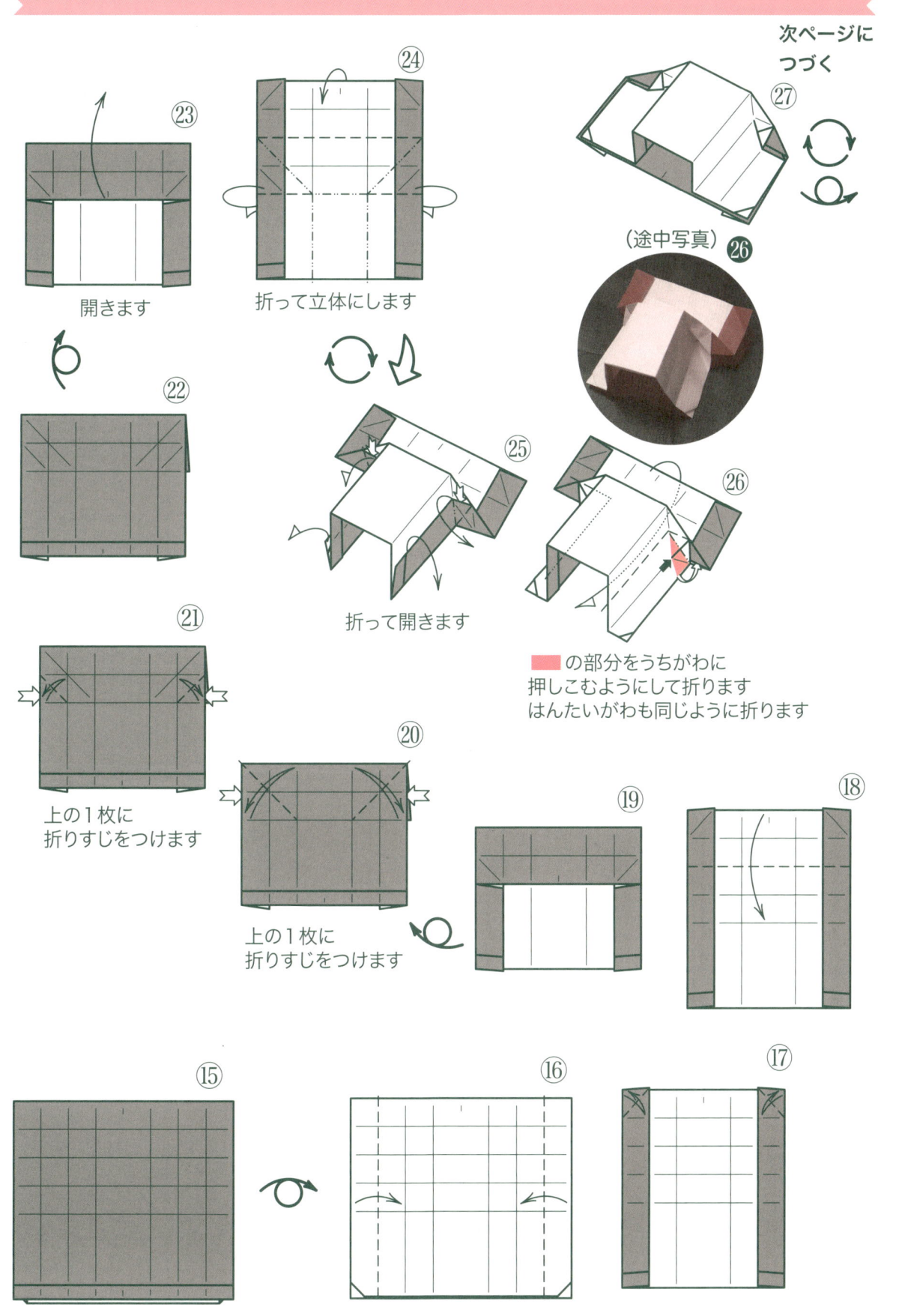

㉔ 折って立体にします

㉗ 次ページにつづく

㉖（途中写真）

㉒

㉕ 折って開きます

㉖ ■の部分をうちがわに押しこむようにして折ります
はんたいがわも同じように折ります

㉑ 上の1枚に折りすじをつけます

⑳ 上の1枚に折りすじをつけます

⑲

⑱

⑮

⑯

⑰

おりがみでクリスマス3

前ページから
つづく

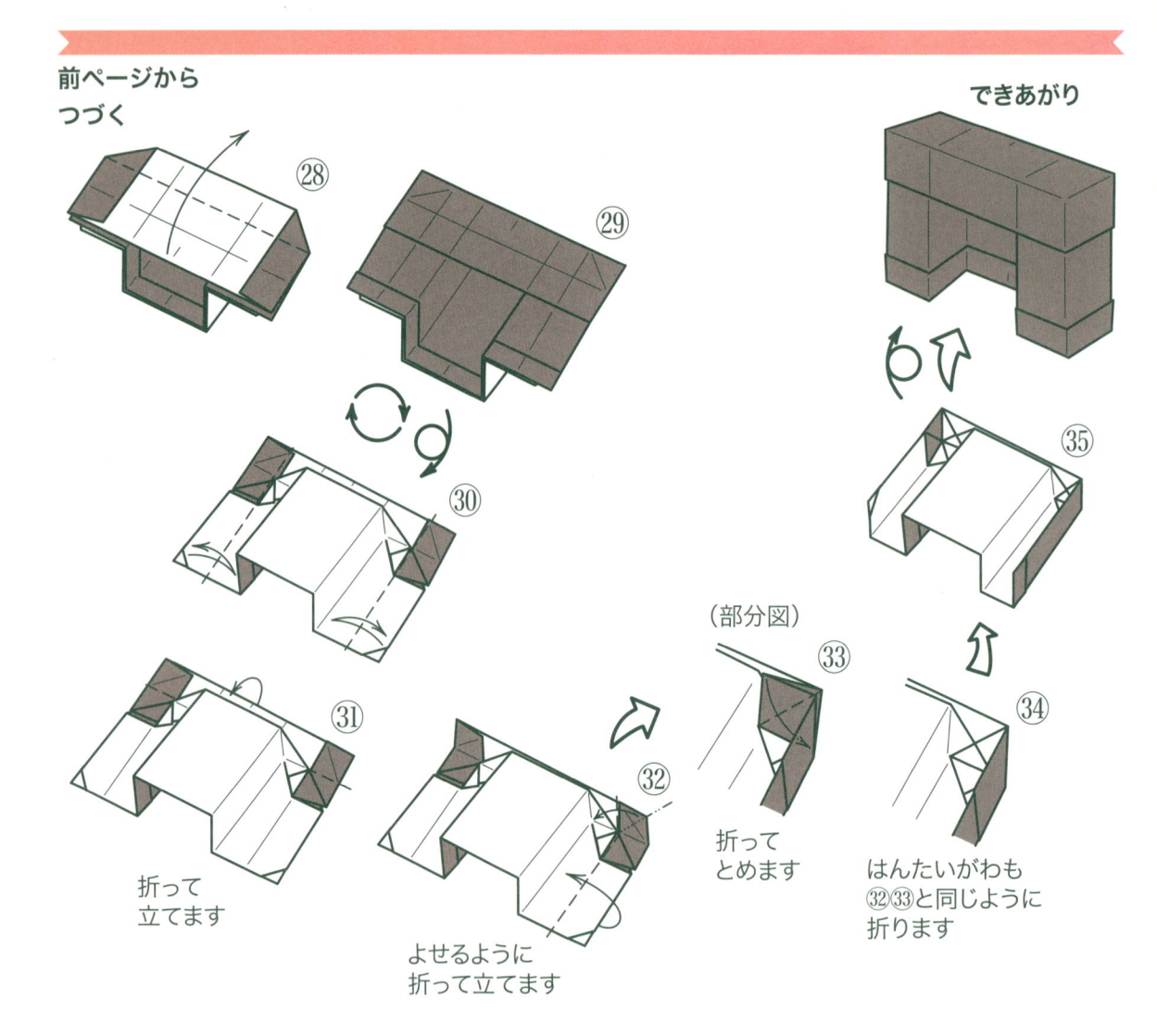

㉘ ㉙ できあがり

㉚

㉛
折って
立てます

㉜
よせるように
折って立てます

(部分図) ㉝
折って
とめます

㉞
はんたいがわも
㉜㉝と同じように
折ります

㉟

column コラム

《草つみかご》(伝承)　Basket (Traditional model)

ヨーロッパの伝承作品です。
クリスマスツリーによく飾って
あるそうです。

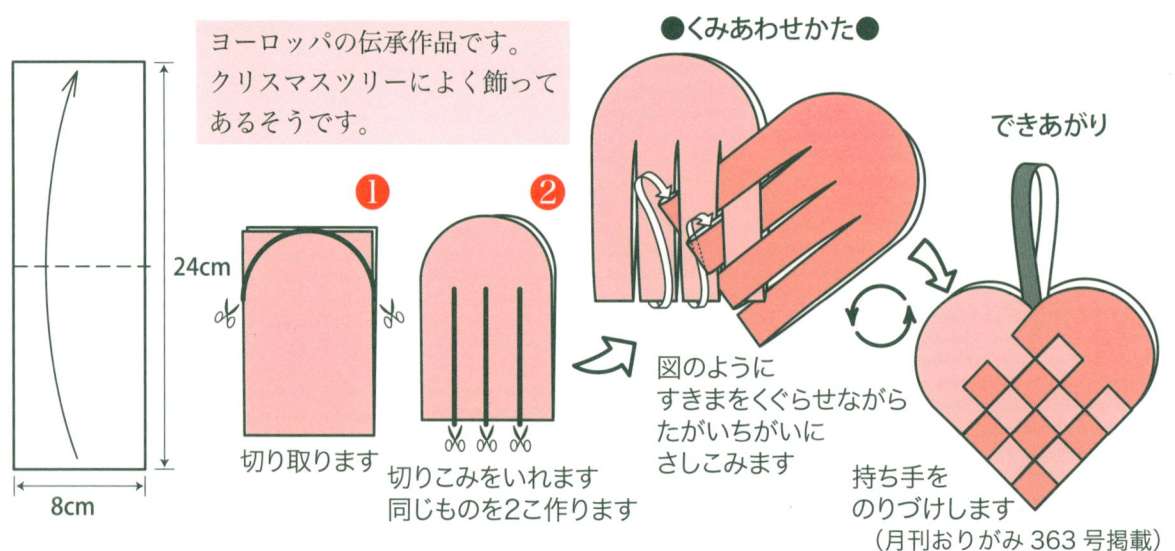

●くみあわせかた●

24cm
8cm

❶ 切り取ります

❷ 切りこみをいれます
同じものを2こ作ります

図のように
すきまをくぐらせながら
たがいちがいに
さしこみます

できあがり

持ち手を
のりづけします

（月刊おりがみ363号掲載）

32　おりがみでクリスマス3

~おうちの中~

Chimney-shaped pen holder by Mr. Katsushi NŌSHO

煙突（ペン立て） 納所克志

サンタさんが煙突から出入りするのはお話の世界、でも煙突のかたわらに立ってもらうとなんだって本当のことに思えません？そんなショットをペン立てにして、親しい人にプレゼントしてみてはと考えました。　（作者）

使用する紙：正方形1枚　　（月刊おりがみ424号掲載）

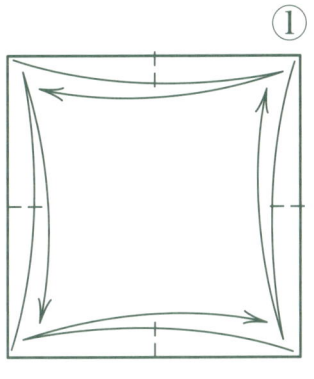

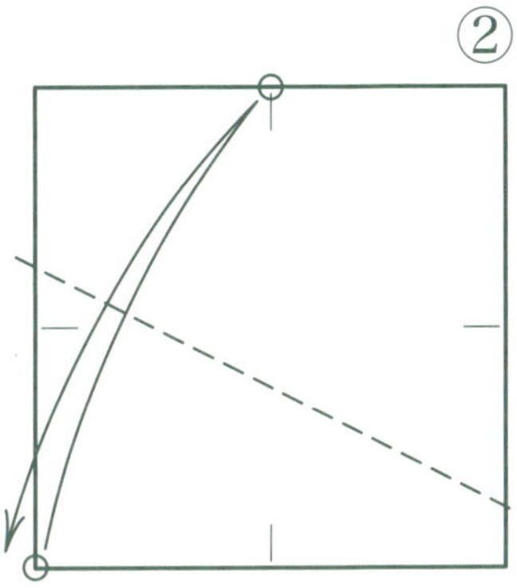

①

② ○と○をあわせて折りすじをつけます

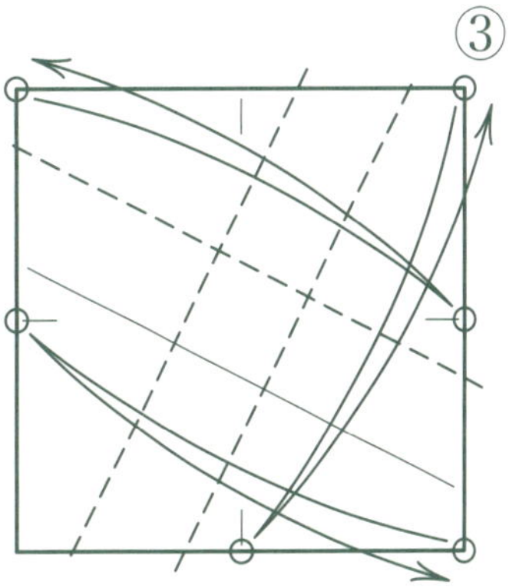

③ のこりの3か所も同じように折りすじをつけます

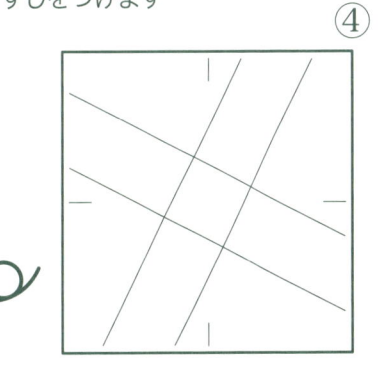

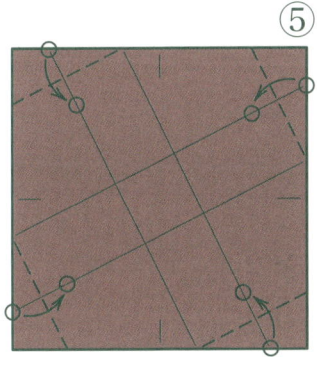

④

⑤ ○と○をあわせて開いて折りたたみます

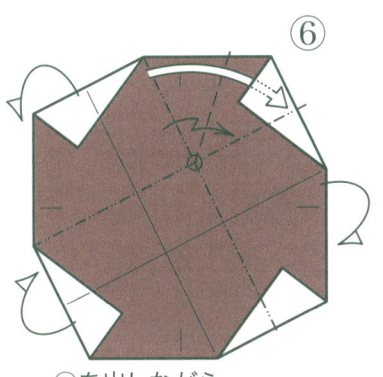

⑥ ○を出しながらよせるように折ってさしこんで立体にします

❻（途中写真）

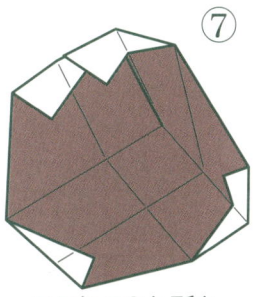

⑦ のこりの3か所も同じように折ります

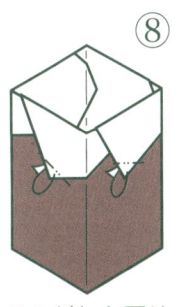

⑧ うらがわも同じ

できあがり

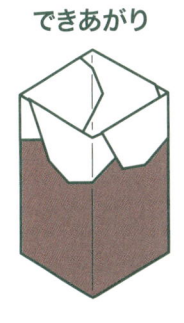

おりがみでクリスマス3　**33**

~クリスマスのお茶会~

りんご

Apple by Mr. Shūzō FUJIMOTO and arranged by Mr. Yōichirō IGUCHI

井口洋一郎

（原作「りんご」藤本修三）

私の「りんご」は、英国折紙協会（British Origami Society）でも、発表させてもらっています。太かった軸を細くしたのが井口さんで、折り方は個人個人によってアレンジされたものにも特徴があり、大変よいと思っています。「りんご」の原理は正20面体の折り方の応用です。どんどん独自の方法で全世界に広がることを願っています。　　　　　　　　　　（藤本修三）

（月刊おりがみ115号、300号掲載）

使用する紙：正方形1枚

① 折ってしるしをつけます

② ○と○をあわせて折りすじをつけます

③ ○をとおる線で折ります

※④から①②でつけた折りすじはかいてありません

④

⑤ ○と○をあわせて折りすじをつけます

⑥ ○と○をあわせて折りすじをつけます

⑦

⑧ 折りすじをつけます

⑨ 開きます

⑩

⑪

⑫ 折りすじをつけます

⑬

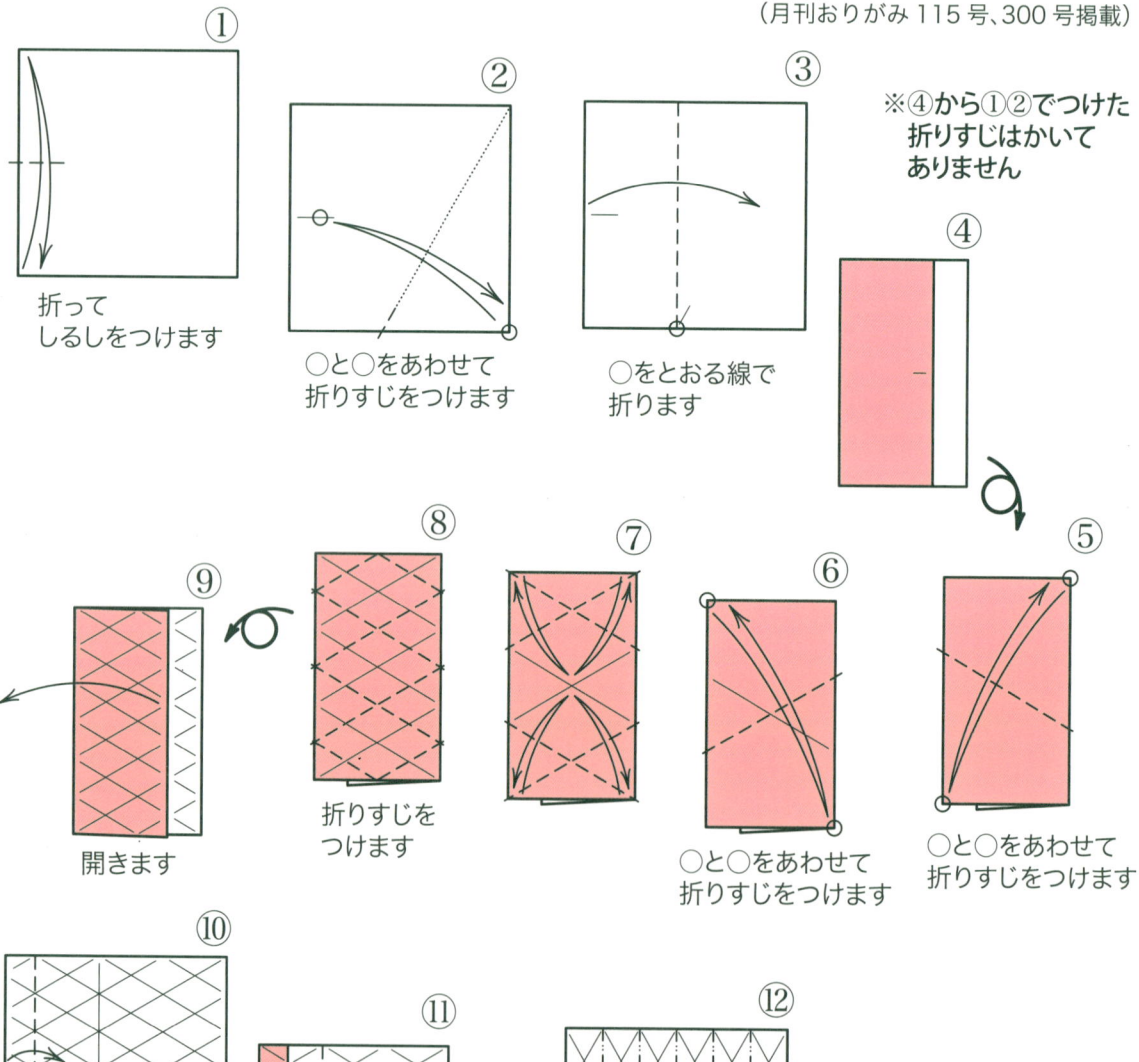

34　おりがみでクリスマス3

次ページに
つづく

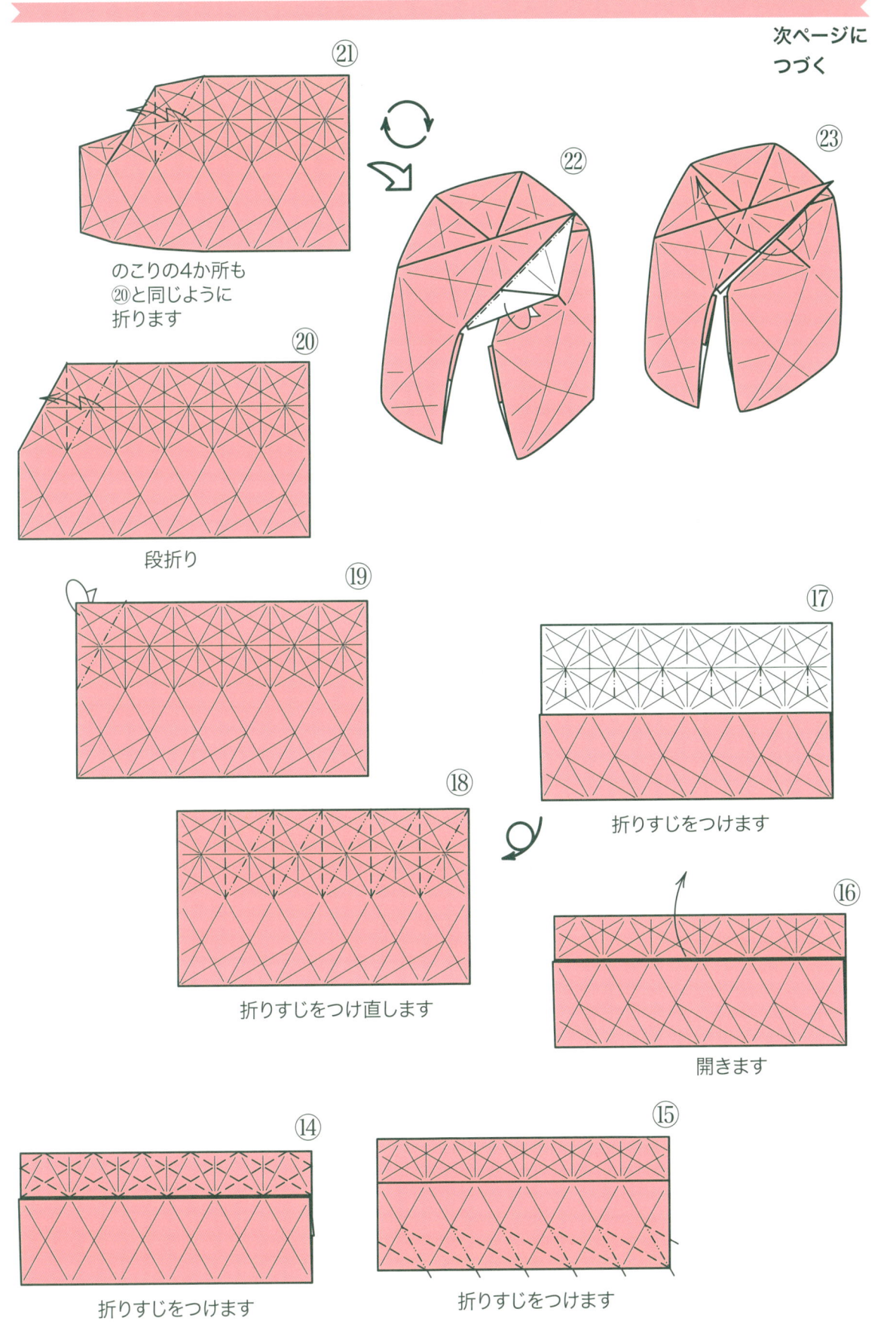

㉑

のこりの4か所も
⑳と同じように
折ります

㉒

㉓

⑳

段折り

⑲

⑰

折りすじをつけます

⑱

折りすじをつけ直します

⑯

開きます

⑭

折りすじをつけます

⑮

折りすじをつけます

おりがみでクリスマス3

前ページから
つづく

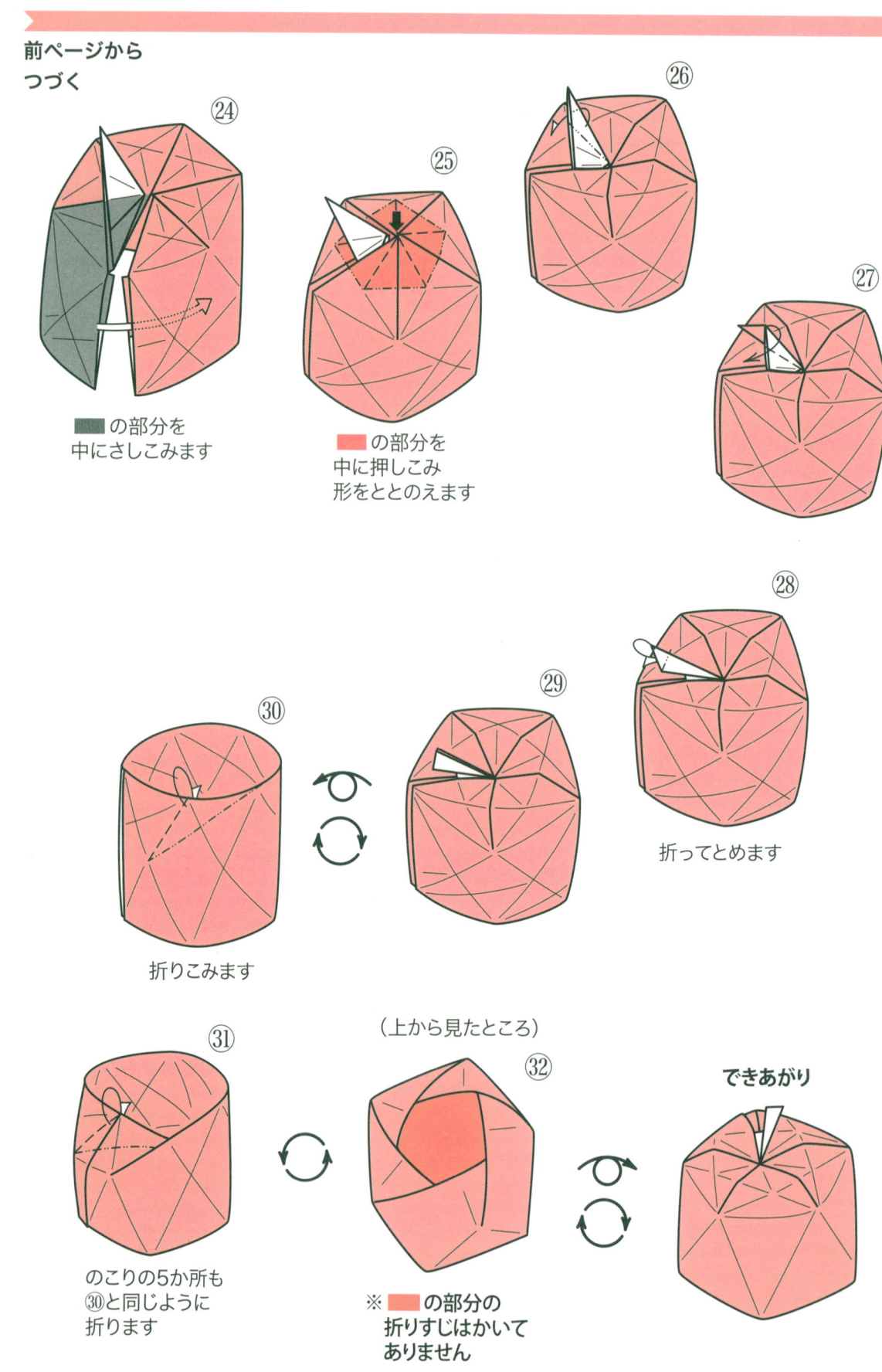

㉔

■の部分を
中にさしこみます

㉕

■の部分を
中に押しこみ
形をととのえます

㉖

㉗

㉘

㉙

折ってとめます

㉚

折りこみます

㉛

のこりの5か所も
㉚と同じように
折ります

（上から見たところ）

㉜

※■の部分の
折りすじはかいて
ありません

できあがり

36　おりがみでクリスマス3

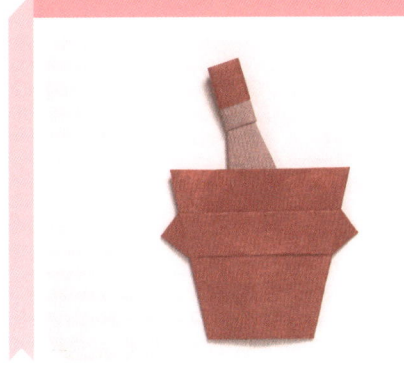

~クリスマスのお茶会~

Wine cooler by Ms. Appollonia Kuiper WOUDSTRA

ワインクーラー

アポロニア クーパー ヴァウツトゥラ
Appollonia Kuiper WOUDSTRA

Appolloniaさんはオランダの折り紙愛好者です。この作品を使って、クリスマスカードを贈ってくれました。

（月刊おりがみ208号掲載）
使用する紙：長方形1枚

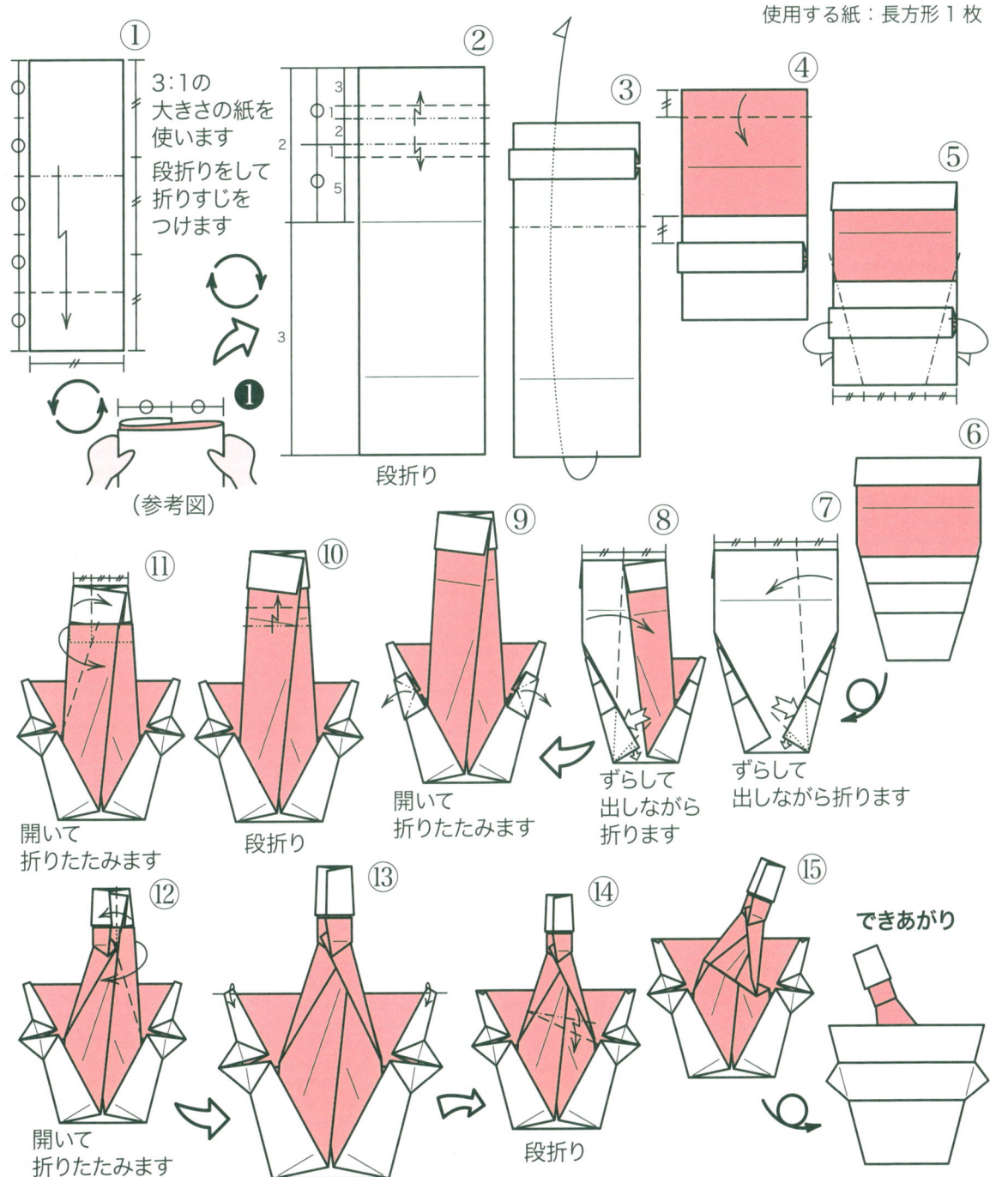

① 3:1の大きさの紙を使います 段折りをして折りすじをつけます

② 段折り

③

④

⑤

⑥

⑦

⑧ ずらして出しながら折ります

⑨ 開いて折りたたみます

⑩ 段折り

⑪ 開いて折りたたみます

⑫ 開いて折りたたみます

⑬

⑭ 段折り

⑮ できあがり

おりがみでクリスマス3 **37**

~クリスマスのお茶会~

Teapot envelope by Ms. Shōko AOYAGI

ティーポットの封筒

青柳祥子

ティーポットの封筒は、お好みのフレーバーのティーバッグを入れてお菓子に添えて贈り物に。20cm×20cmまたは、A4のコピー用紙の短い辺で正方形をつくるとティーバッグがぴったり入ります。　　　（作者）

（月刊おりがみ 387 号掲載）

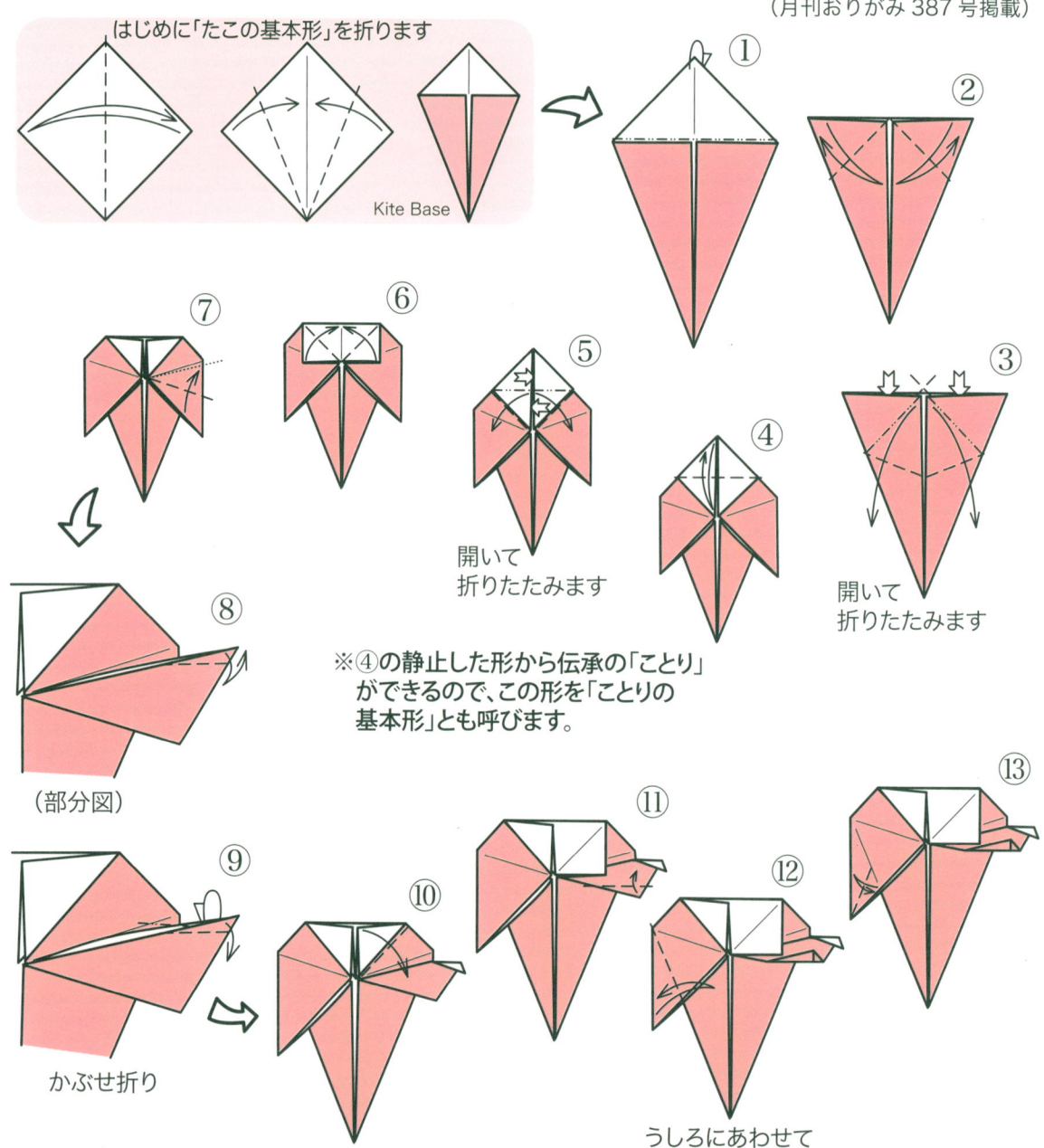

使用する紙：正方形1枚

はじめに「たこの基本形」を折ります

Kite Base

① ② ③ 開いて折りたたみます

④ ⑤ 開いて折りたたみます

⑥ ⑦

※④の静止した形から伝承の「ことり」ができるので、この形を「ことりの基本形」とも呼びます。

⑧（部分図）

⑨ かぶせ折り

⑩ もどします

⑪ ⑫ うしろにあわせて折りすじをつけます

⑬

38　おりがみでクリスマス3

㉔ おこします

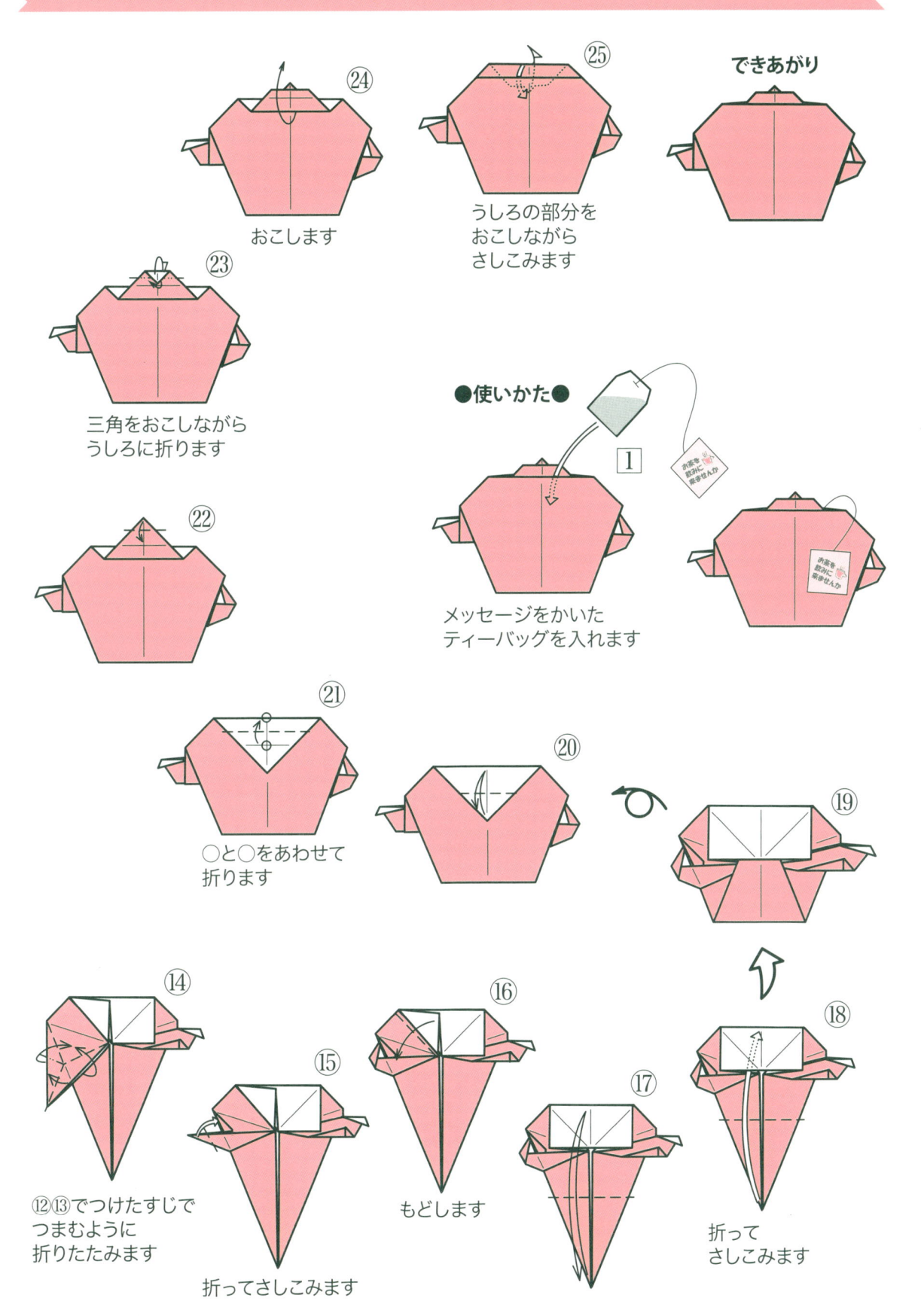

㉕ うしろの部分を
おこしながら
さしこみます

できあがり

㉓ 三角をおこしながら
うしろに折ります

●使いかた●

1 メッセージをかいた
ティーバッグを入れます

㉒

㉑ ○と○をあわせて
折ります

⑳

⑲

⑱ 折って
さしこみます

⑭ ⑫⑬でつけたすじで
つまむように
折りたたみます

⑮ 折ってさしこみます

⑯ もどします

⑰

おりがみでクリスマス3　39

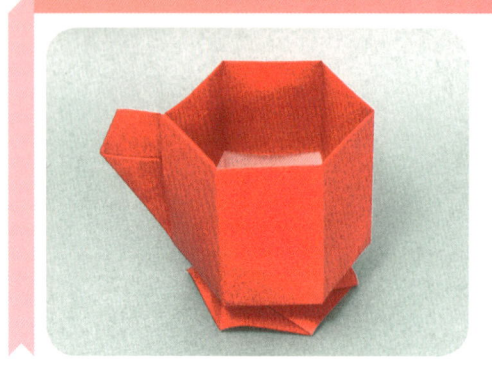

~クリスマスのお茶会~

Coffee cup by Mr. Shūzō FUJIMOTO
コーヒーカップ 藤本修三

辺を9等分してから始めますが、定規などを使わず、少しずつ正しい位置に近づけていく「漸近法」(①~⑦)を紹介します。「ねじり折り」(㉖)とともに、作者の得意とする手法です。

使用する紙：長方形1枚　　（月刊おりがみ97号掲載）

① 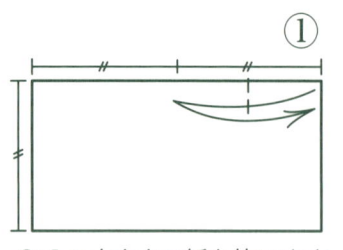
2:1の大きさの紙を使います
折って図のようなところに
しるしをつけます

② 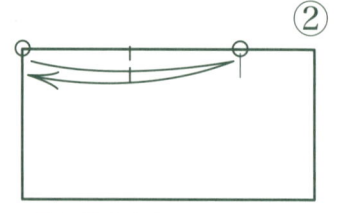
○と○をあわせて
折ってしるしをつけます

③ 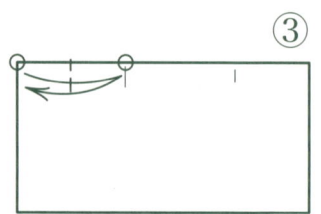
○と○をあわせて
折ってしるしをつけます

④ 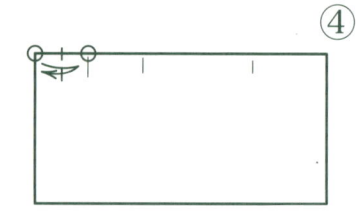
○と○をあわせて
折ってしるしをつけます

⑤ 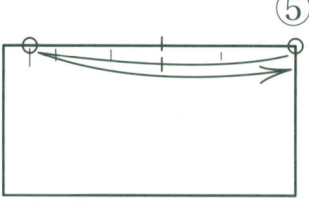
○と○をあわせて
折ってしるしをつけます

⑥ 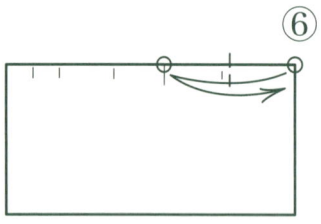
○と○をあわせて
折ってしるしをつけます

⑦ 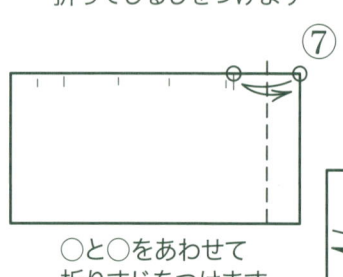
○と○をあわせて
折りすじをつけます

※⑧からは⑥までにつけた
折りすじはかいてありません

⑧

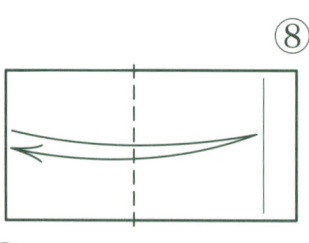

⑨

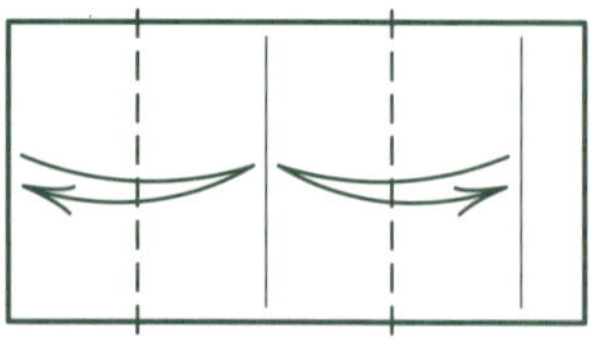

⑩

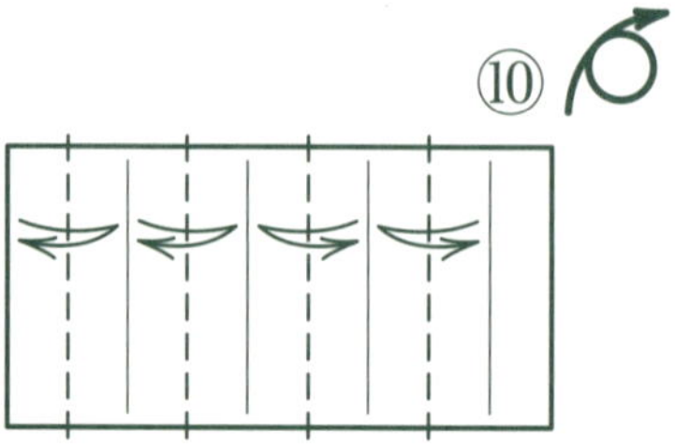

⑪
○と○をあわせて 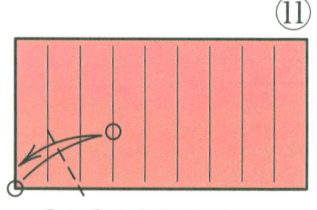
折りすじをつけます

⑫ 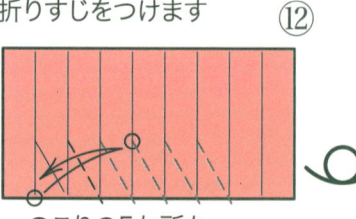
のこりの5か所も
⑪と同じように折ります

40　おりがみでクリスマス3

㉔ うしろに折って さしこんでとめます

㉕ ねじりながら 折ります

㉖ (うらから見たところ)

できあがり

㉓

㉒-2 持ち手のところを 折って立てながら さしこみます

㉒-1 折って まるく形を ととのえながら さしこみます

㉑ 下の1枚を段折り

⑳

⑲ 中わり折り

⑱

⑰

⑭

⑮

⑯

⑬ ○と○をあわせて 折りすじをつけます

おりがみでクリスマス3 **41**

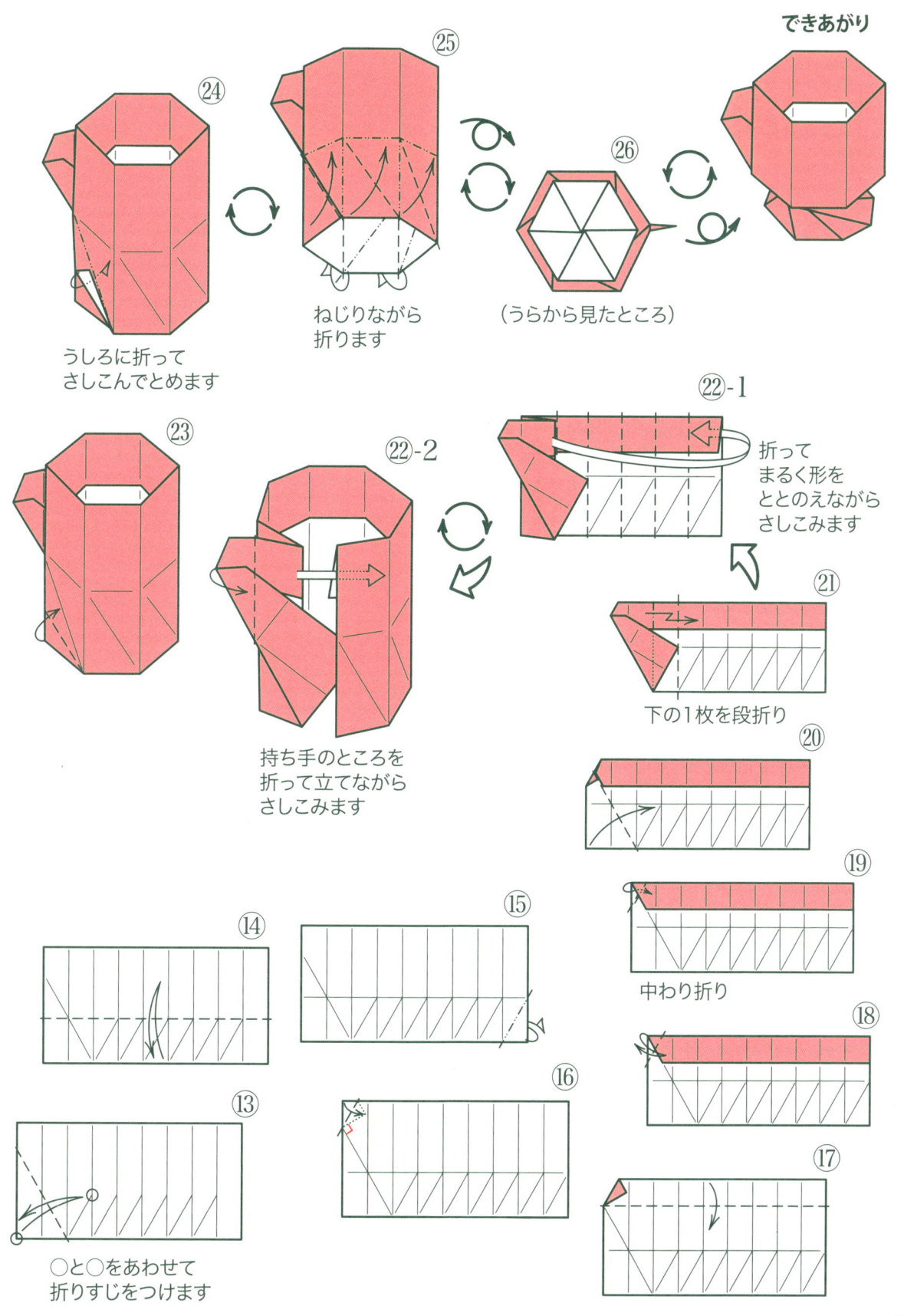

~クリスマスのお茶会~

Spoon by Mr. Hiroshi KUMASAKA

スプーン 熊坂 浩

ホイル紙で折るとよいでしょう。

使用する紙：長方形 1 枚　　（月刊おりがみ 148 号掲載）

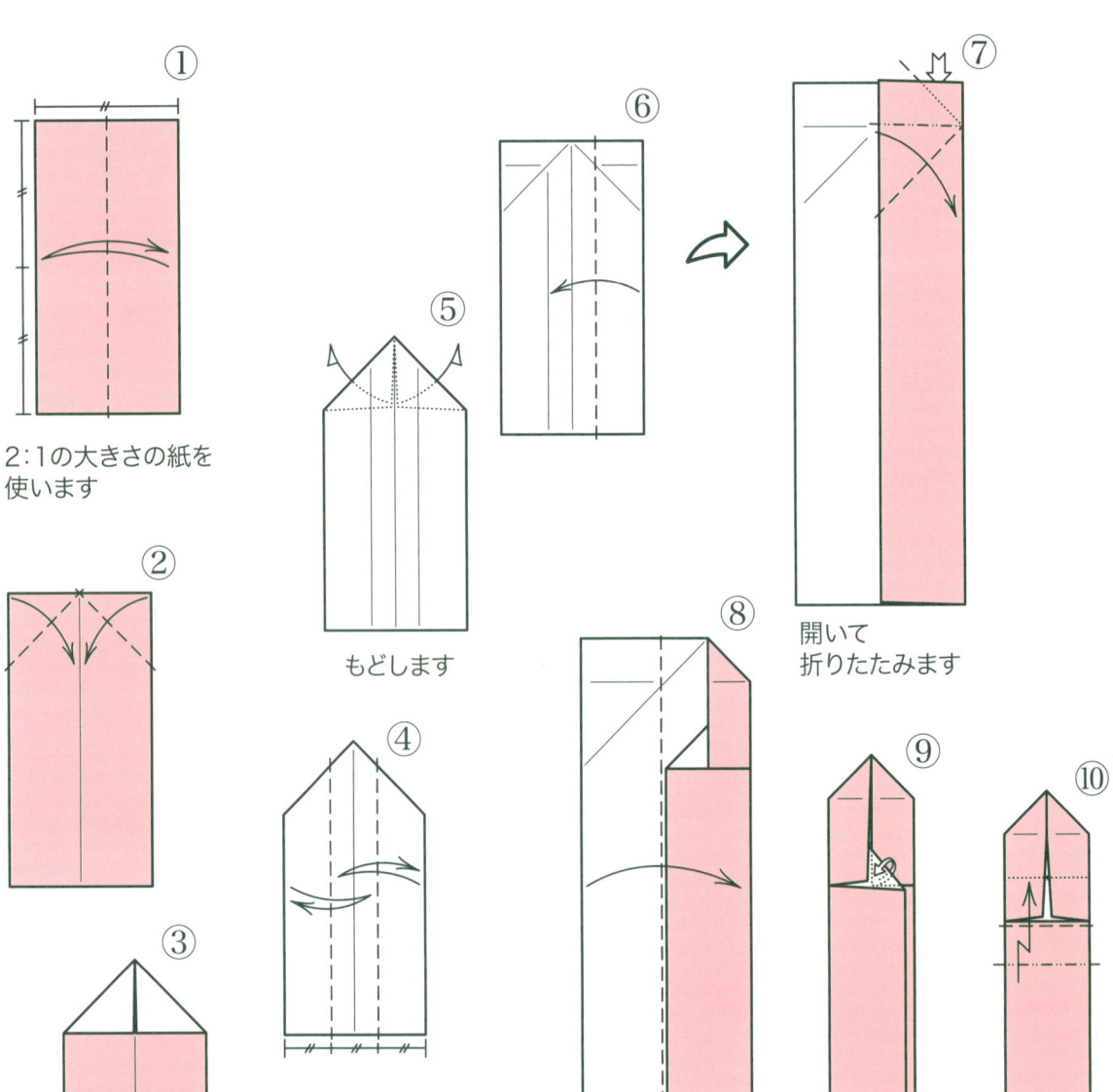

① 2:1の大きさの紙を使います

②

③

④

⑤ もどします

⑥

⑦ 開いて折りたたみます

⑧ ⑥⑦と同じように折ります

⑨ 下の1枚を出します

⑩ 段折り

42　おりがみでクリスマス3

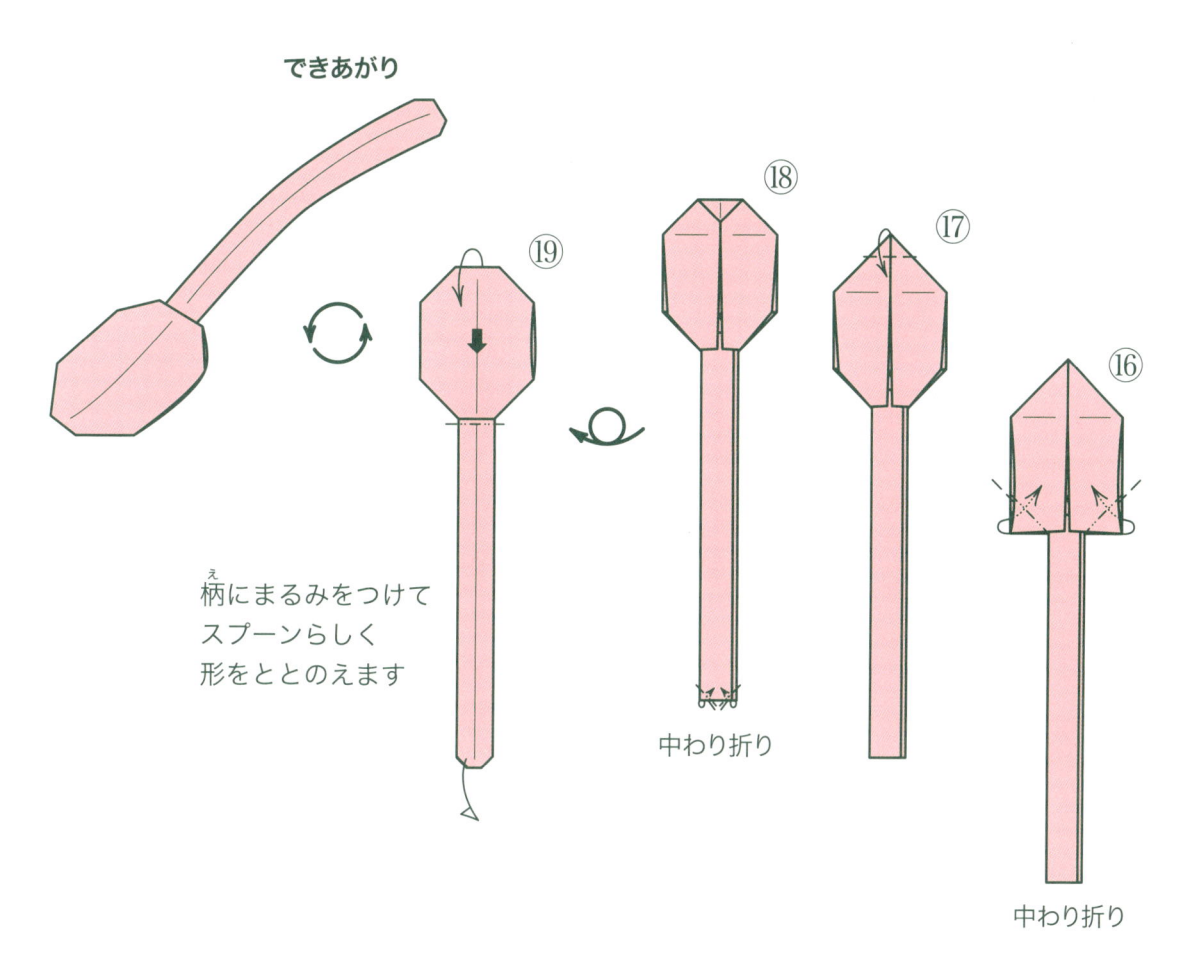

できあがり

⑲

柄にまるみをつけて
スプーンらしく
形をととのえます

⑱

中わり折り

⑰

⑯

中わり折り

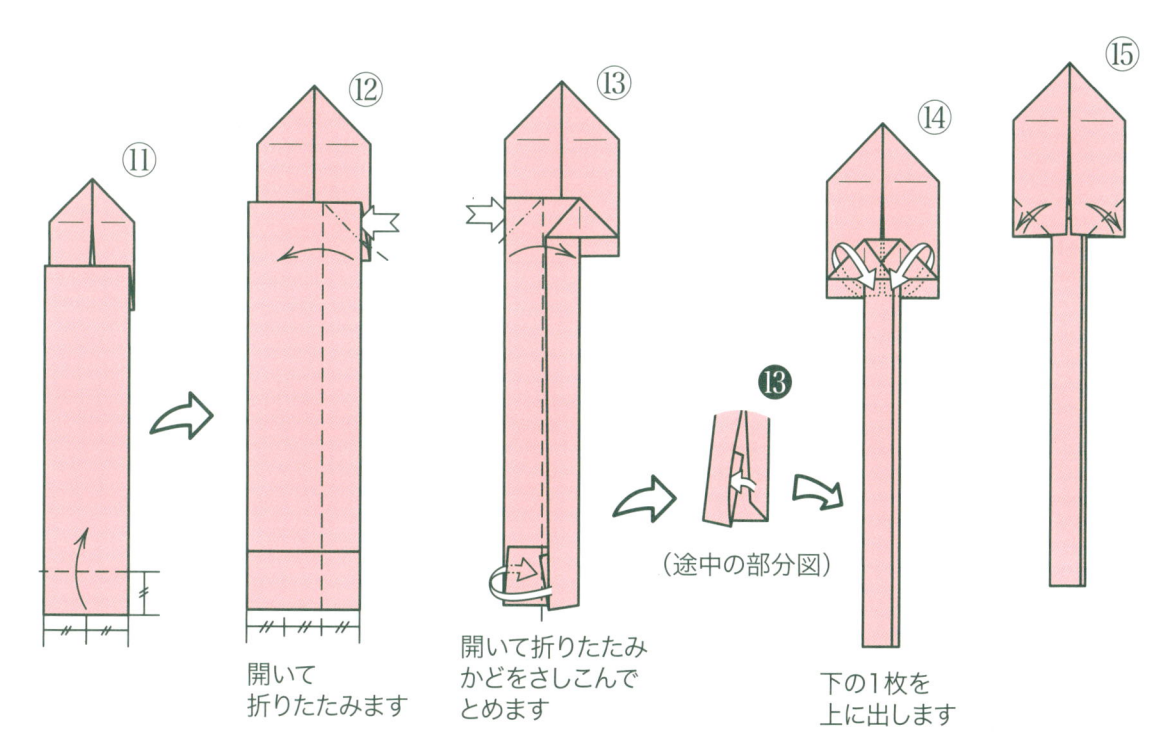

⑪

⑫

開いて
折りたたみます

⑬

開いて折りたたみ
かどをさしこんで
とめます

⑬（途中の部分図）

⑭

下の1枚を
上に出します

⑮

おりがみでクリスマス3　**43**

~クリスマスのお茶会~

Fork by Ms. Akiko YAMANASHI
フォーク　山梨明子

⑦の角度によって、先の開き具合が変わります。⑫のあとで、さらに柄を細く折ってもすてきです。

使用する紙：長方形1枚

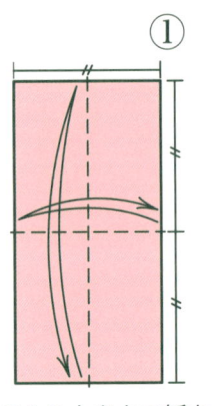

① 2:1の大きさの紙を使います

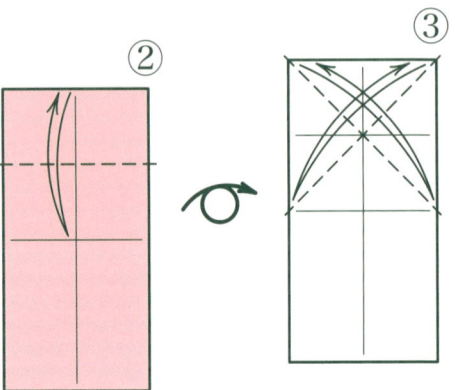

②

③

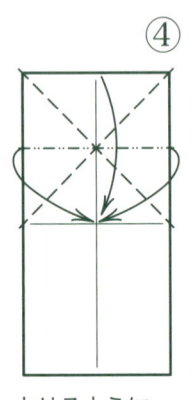

④ よせるように折りたたみます

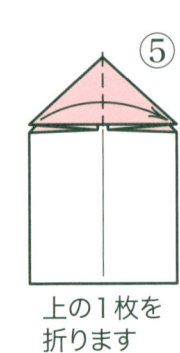

⑤ 上の1枚を折ります

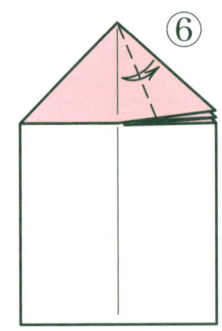

⑥ 上の1枚に折りすじをつけます

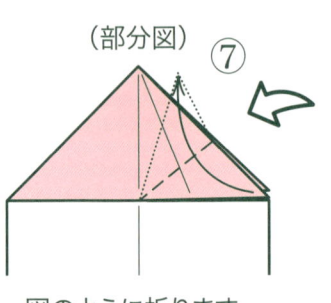

⑦ 図のように折ります（きちんとした目安はありません）（部分図）

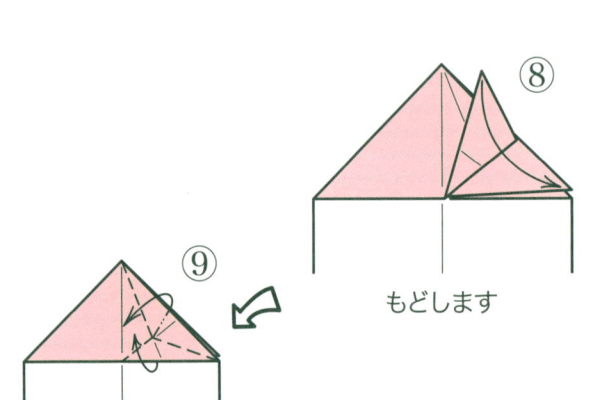

⑧ もどします

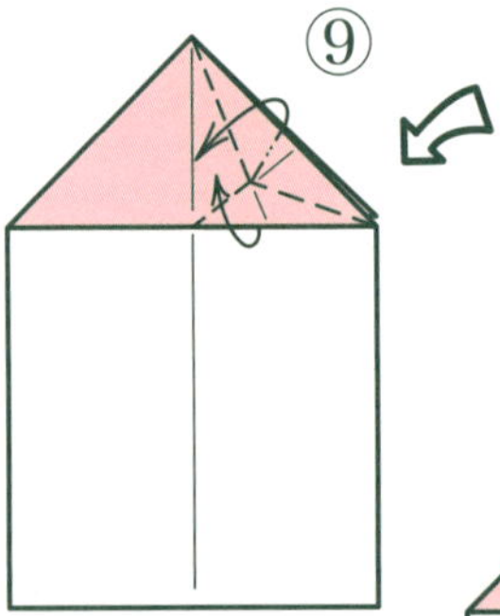

⑨ つまむように折りたたみます

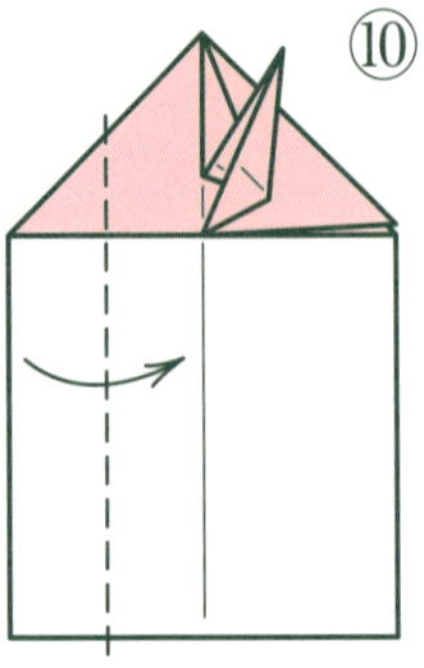

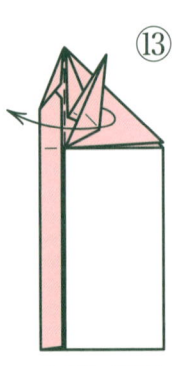

⑩

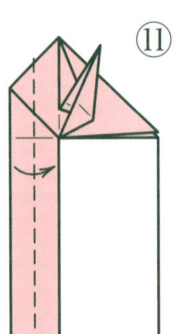

⑪

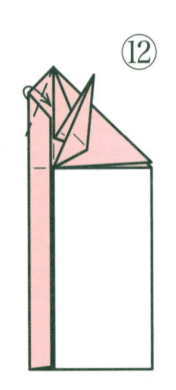

⑫ もどします

⑬

44　おりがみでクリスマス3

⑳

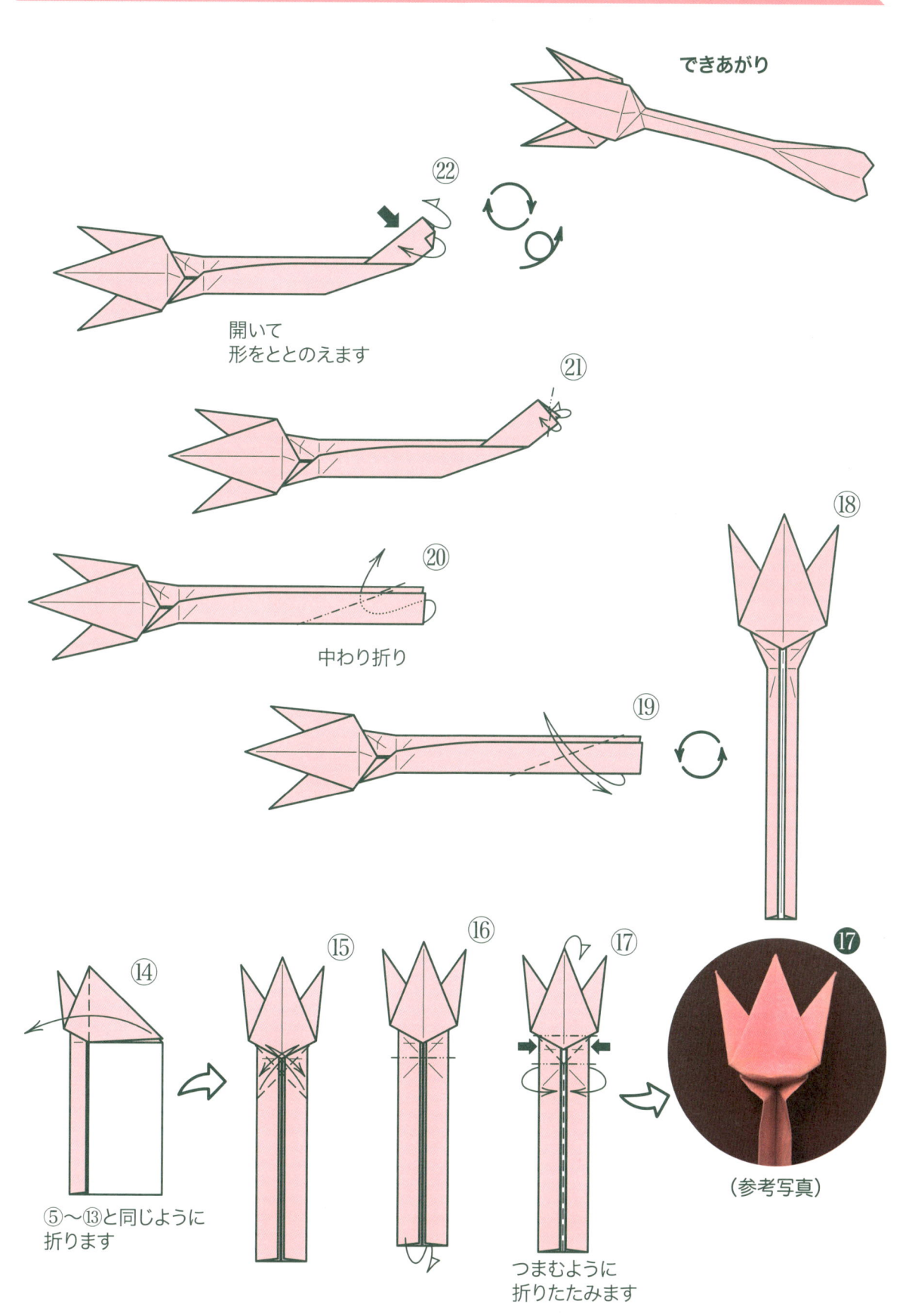

できあがり

㉒

開いて
形をととのえます

㉑

⑳

中わり折り

⑲

⑱

⑭ ⑮ ⑯ ⑰

⑰

（参考写真）

⑤〜⑬と同じように
折ります

つまむように
折りたたみます

おりがみでクリスマス3　**45**

~クリスマスのお茶会~

Heart-shaped cake in a pair by Mr. Shōichi ISHIWATA

ハートのハーフケーキ

石渡正一

ティアドロップ型、2個合わせてハート型、6個または8個合わせてクローバー型、トッピングをのせてホールケーキなど自由に組み合わせて楽しんでください。(作者)

（月刊おりがみ426号掲載）

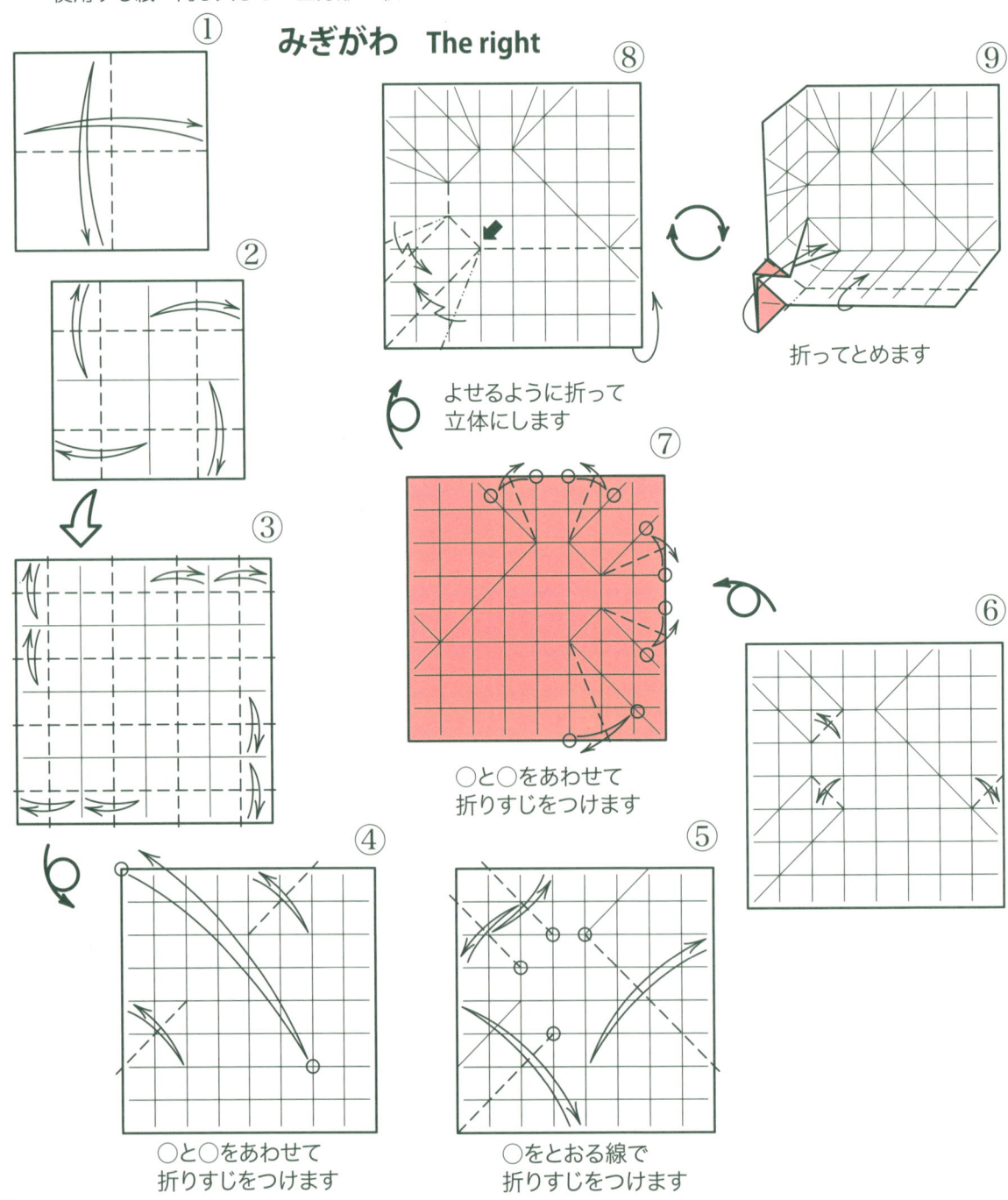

使用する紙：同じ大きさの正方形2枚

みぎがわ　The right

①

②

③

④ ○と○をあわせて折りすじをつけます

⑤ ○をとおる線で折りすじをつけます

⑥

⑦ ○と○をあわせて折りすじをつけます

⑧ よせるように折って立体にします

⑨ 折ってとめます

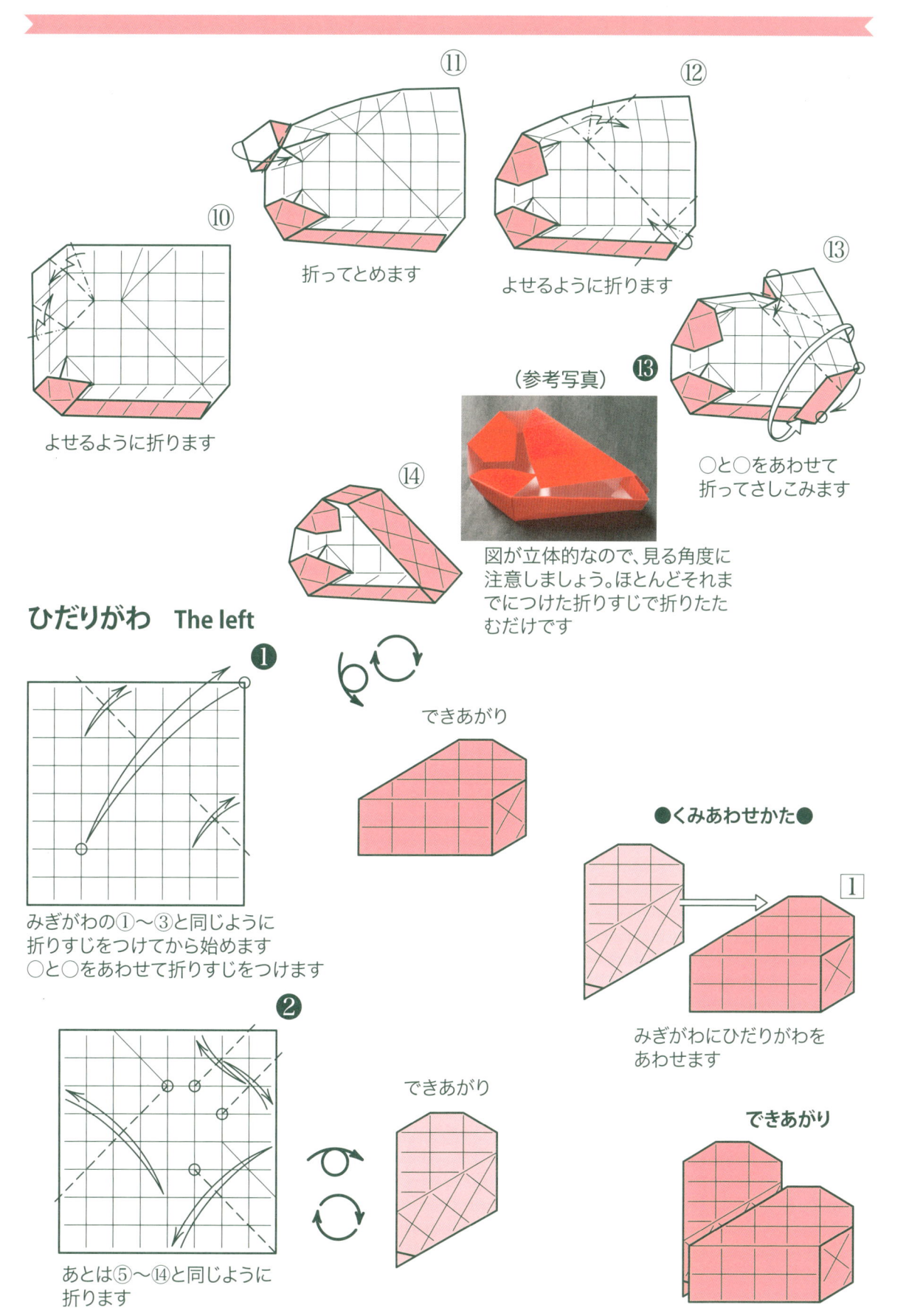

⑩

よせるように折ります

⑪

折ってとめます

⑫

よせるように折ります

⑬

（参考写真）

⑬

○と○をあわせて
折ってさしこみます

⑭

図が立体的なので、見る角度に
注意しましょう。ほとんどそれま
でにつけた折りすじで折りたた
むだけです

ひだりがわ　The left

❶

みぎがわの①〜③と同じように
折りすじをつけてから始めます
○と○をあわせて折りすじをつけます

❷

あとは⑤〜⑭と同じように
折ります

できあがり

できあがり

●くみあわせかた●

1

みぎがわにひだりがわを
あわせます

できあがり

おりがみでクリスマス3　**47**

~クリスマスかざり~

Christmas tree by Ms. Akiko YAMANASHI

くすだまツリー　山梨明子

（原作「くす玉」伝承作品）

以前大流行した「くすだまドール」を見て思いつきました。誰でも考えつきそうだと思いましたが、他で見かけたことがありませんので、紹介させていただきました。

（作者）

（月刊おりがみ 340 号掲載）

使用する紙：同じ大きさの正方形 3 枚

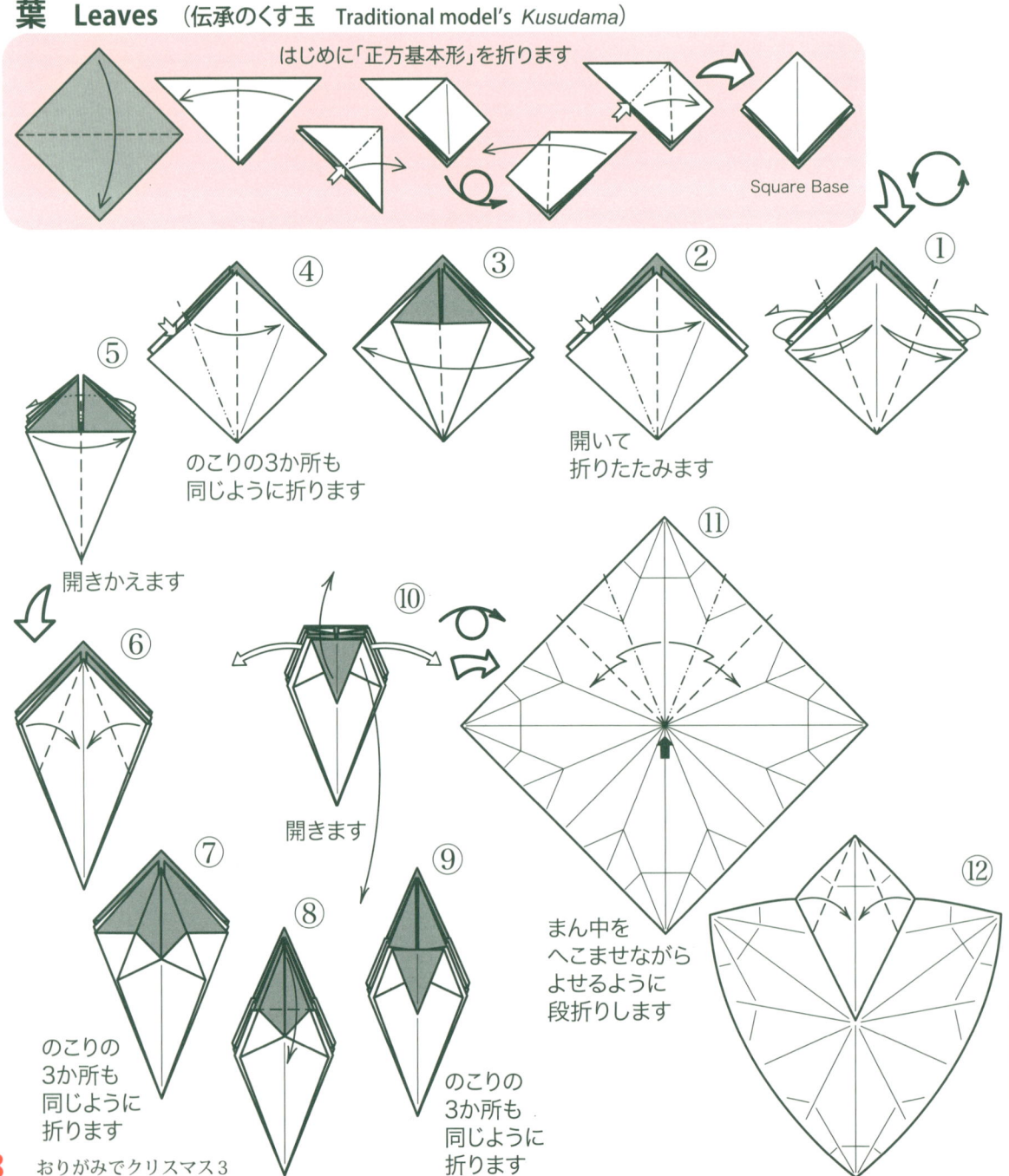

葉　Leaves　（伝承のくす玉　Traditional model's *Kusudama*）

はじめに「正方基本形」を折ります

Square Base

①
② 開いて折りたたみます
③
④ のこりの3か所も同じように折ります
⑤ 開きかえます
⑥
⑦ のこりの3か所も同じように折ります
⑧
⑨ のこりの3か所も同じように折ります
⑩ 開きます
⑪ まん中をへこませながらよせるように段折りします
⑫

48　おりがみでクリスマス3

㉗ ㉘ ㉙

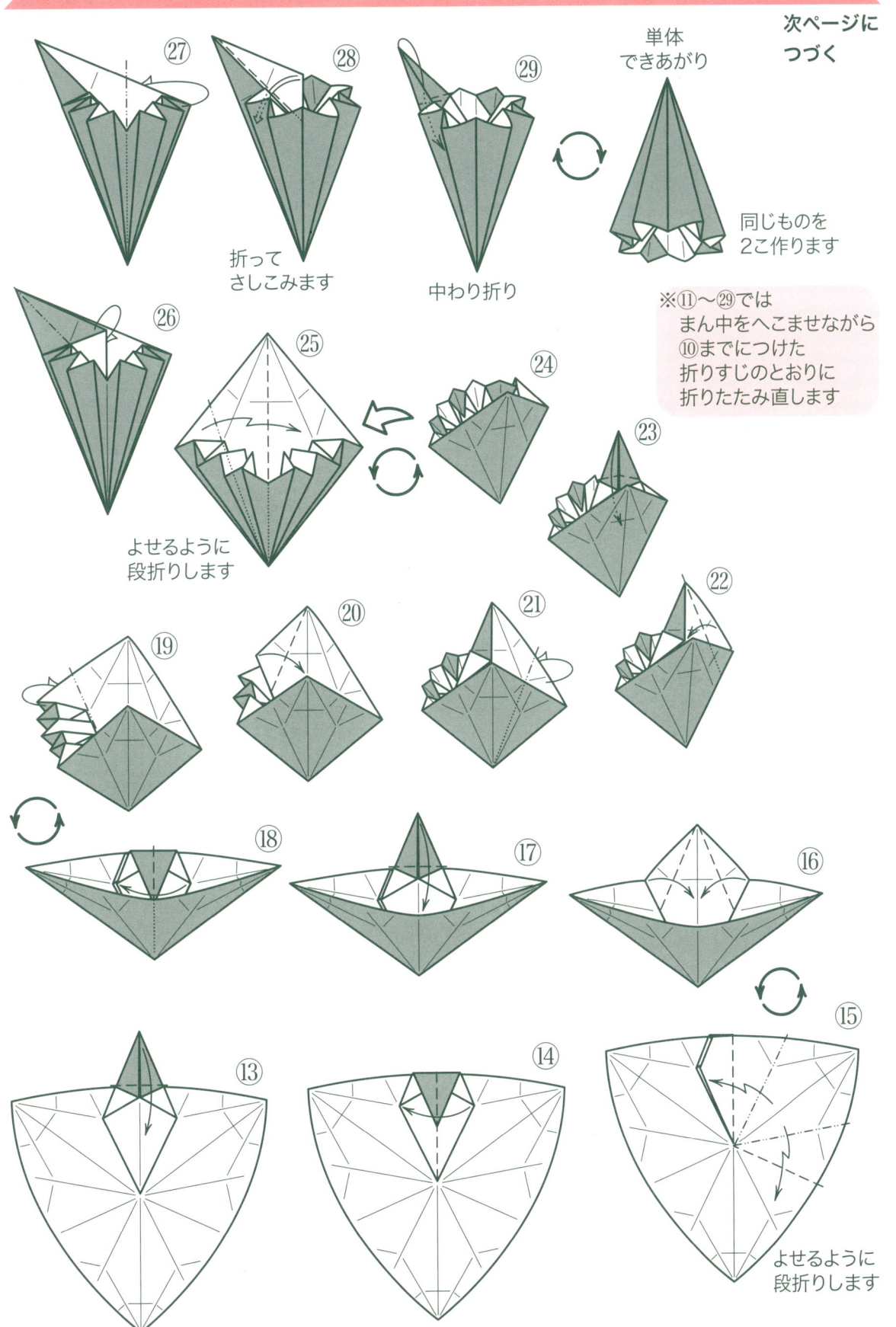

単体
できあがり

次ページに
つづく

折って
さしこみます

中わり折り

同じものを
2こ作ります

㉖ ㉕ ㉔ ㉓

※⑪〜㉙では
まん中をへこませながら
⑩までにつけた
折りすじのとおりに
折りたたみ直します

よせるように
段折りします

⑲ ⑳ ㉑ ㉒

⑱ ⑰ ⑯

⑬ ⑭ ⑮

よせるように
段折りします

おりがみでクリスマス3 **49**

前ページから
つづく

幹 Trunk
（伝承のくす玉のアレンジ　from the traditional model's *Kusudama*）

はじめに「ざぶとん基本形」を折ります

Blintz Base

❶ 葉の⑫までと同じように折ります

❷ すぐうしろに折ります

❸ 葉の⑭〜㉙と同じように折ります（⑰㉓㉙は❷と同じようにうしろに折ります）

（参考）❸（うらがわ）

❹ つまむように折ります

❺ のこりの3か所も同じ

できあがり

●くみあわせかた●

葉と幹をそれぞれさしこみます

50　おりがみでクリスマス 3

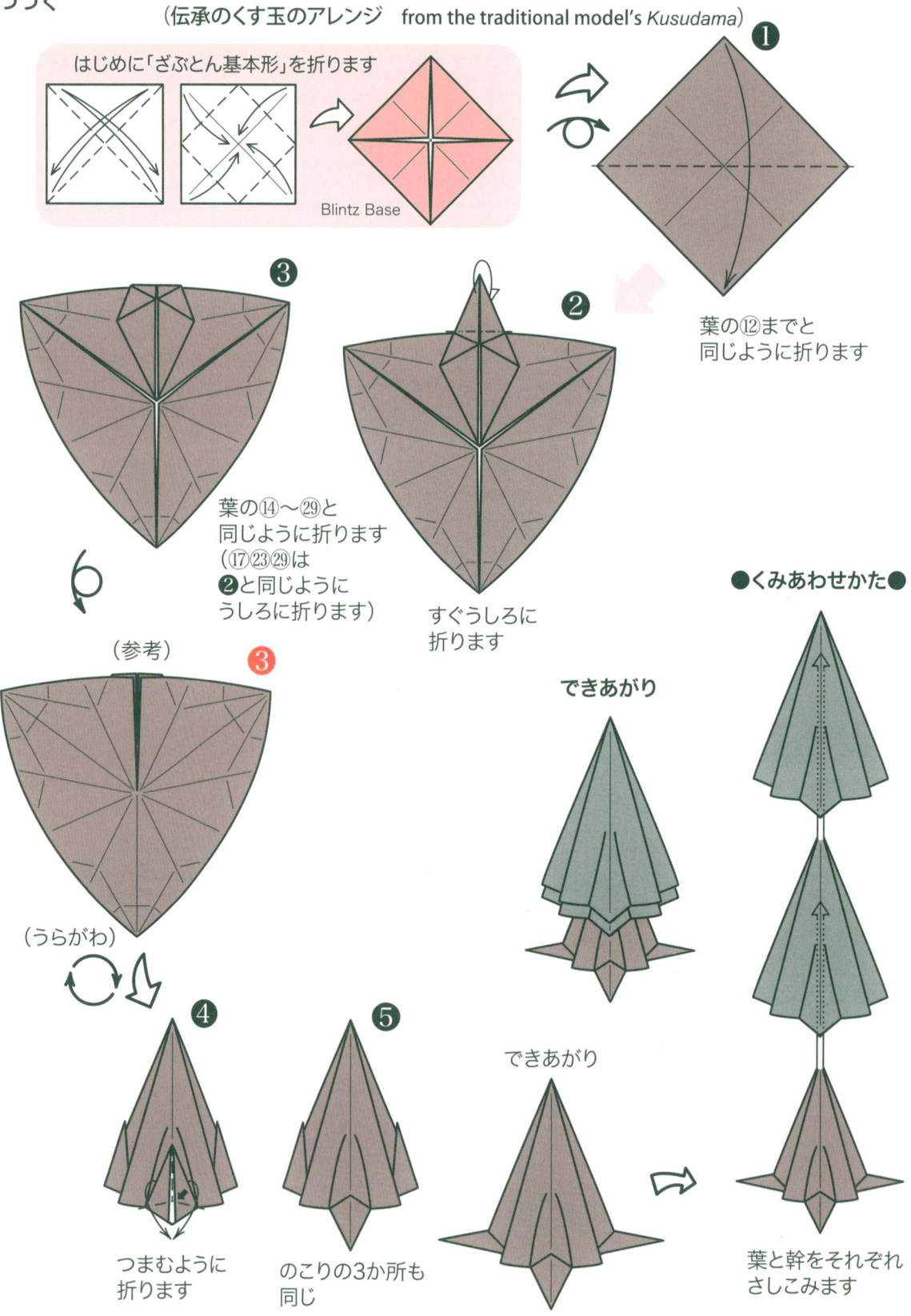

~クリスマスかざり~

Christmas cactus by Mr. Isamu ASAHI

クリスマスカクタス

朝日 勇

写真の作品は、葉に40枚と花に12枚使っています。好きな枚数を使って、美しいクリスマスカクタスを作ってください。

（月刊おりがみ136号掲載）

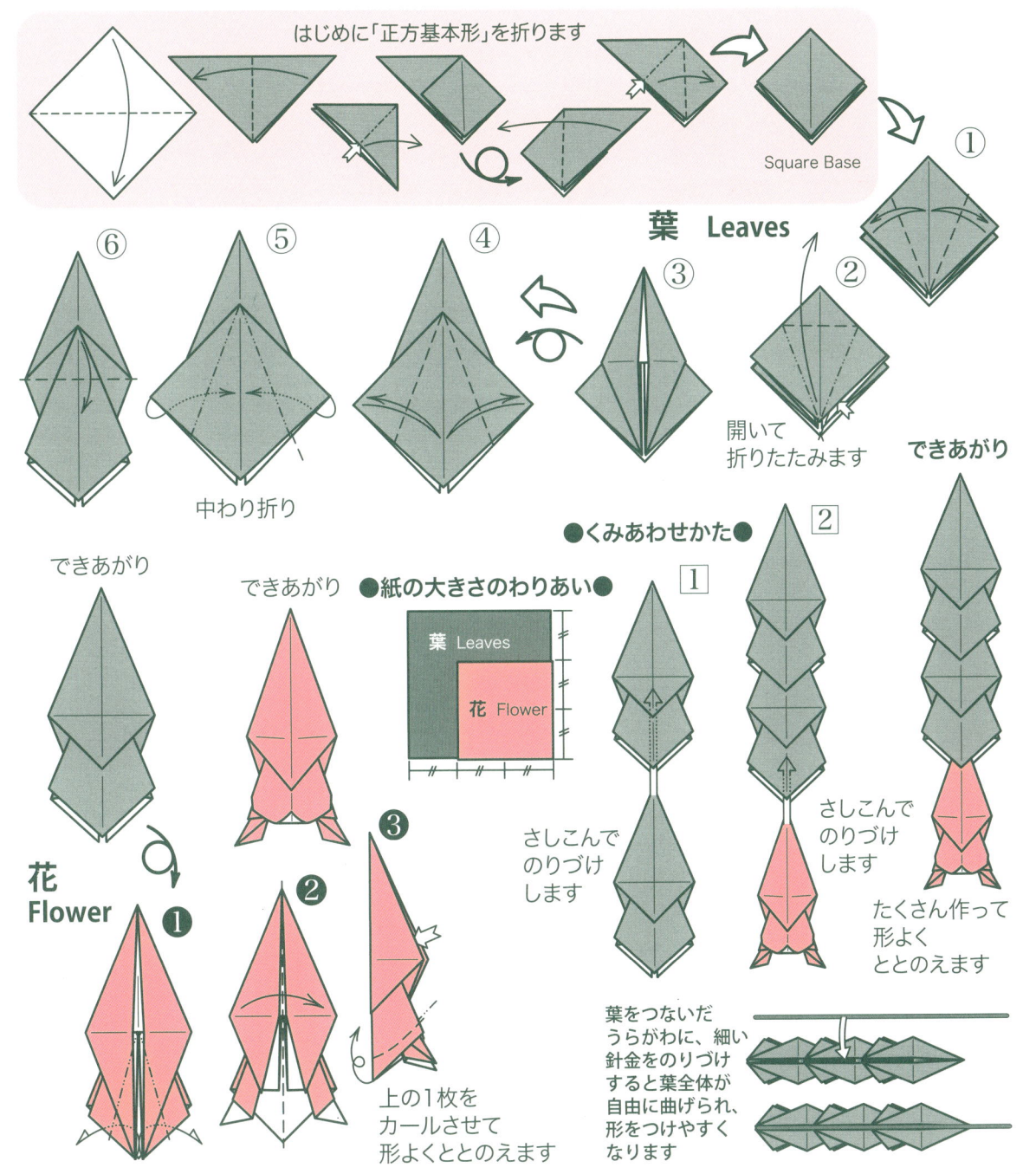

はじめに「正方基本形」を折ります

Square Base

葉 Leaves

開いて折りたたみます

できあがり

中わり折り

できあがり

●紙の大きさのわりあい●

葉 Leaves
花 Flower

●くみあわせかた●

さしこんでのりづけします

さしこんでのりづけします

たくさん作って形よくととのえます

花 Flower

できあがり

上の1枚をカールさせて形よくととのえます

葉をつないだうらがわに、細い針金をのりづけすると葉全体が自由に曲げられ、形をつけやすくなります

おりがみでクリスマス3 51

~クリスマスかざり~

Origami Holiday Wreath by Mr. Michael G.LAFOSSE
クリスマスリース

マイケル・ラフォッス

1996年11月29日、私がリチャード・アレクサンダーと一緒にマサチューセッツ州ハーバーヒルで"Origamido Studio"（オリガミドー スタジオ）を開設したときに創作しました。幸せを呼ぶ数字の10枚の紙を使い、私が折るときは、いつも、5枚ずつ違った2色の紙を使っています。 （作者）

（月刊おりがみ316号掲載）

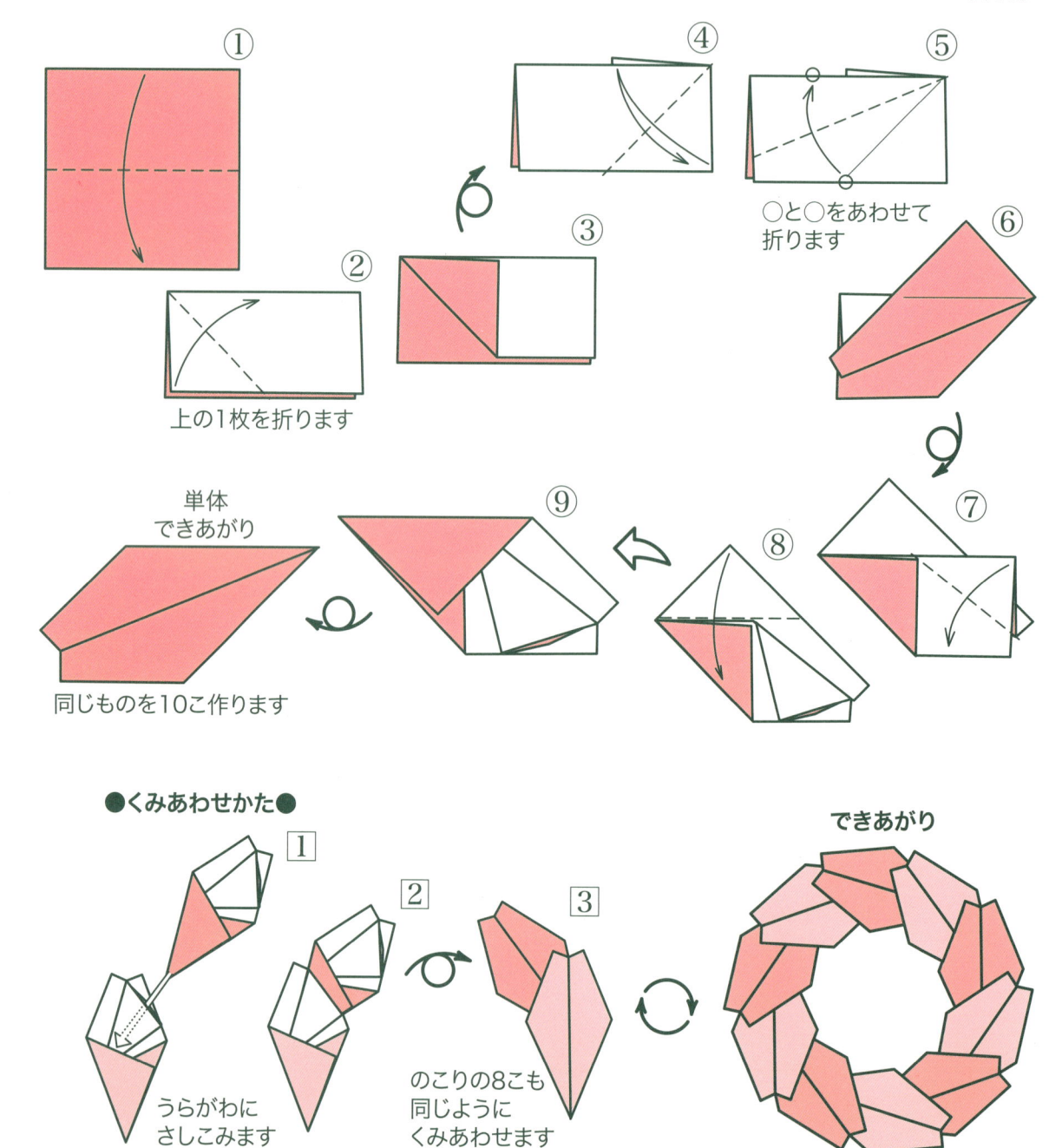

使用する紙：同じ大きさの正方形10枚

①
② 上の1枚を折ります
③
④
⑤ ○と○をあわせて折ります
⑥
⑦
⑧
⑨

単体できあがり
同じものを10こ作ります

●くみあわせかた●

[1] うらがわにさしこみます

[2] のこりの8こも同じようにくみあわせます

[3]

できあがり

おりがみでクリスマス3

～クリスマスかざり～

Pocket wreath by Ms. Shōko AOYAGI

ポケットリース 青柳祥子

オーナメントがポケットに入るし、緑の上からデコレーションも楽しめます。Xmasが終わるとこのリースは箱（伝承）に変身して、オーナメントを中にしまえます。赤い色でポケットリースを作れば、お雛様も飾れます。

（作者）

（月刊おりがみ340号掲載）

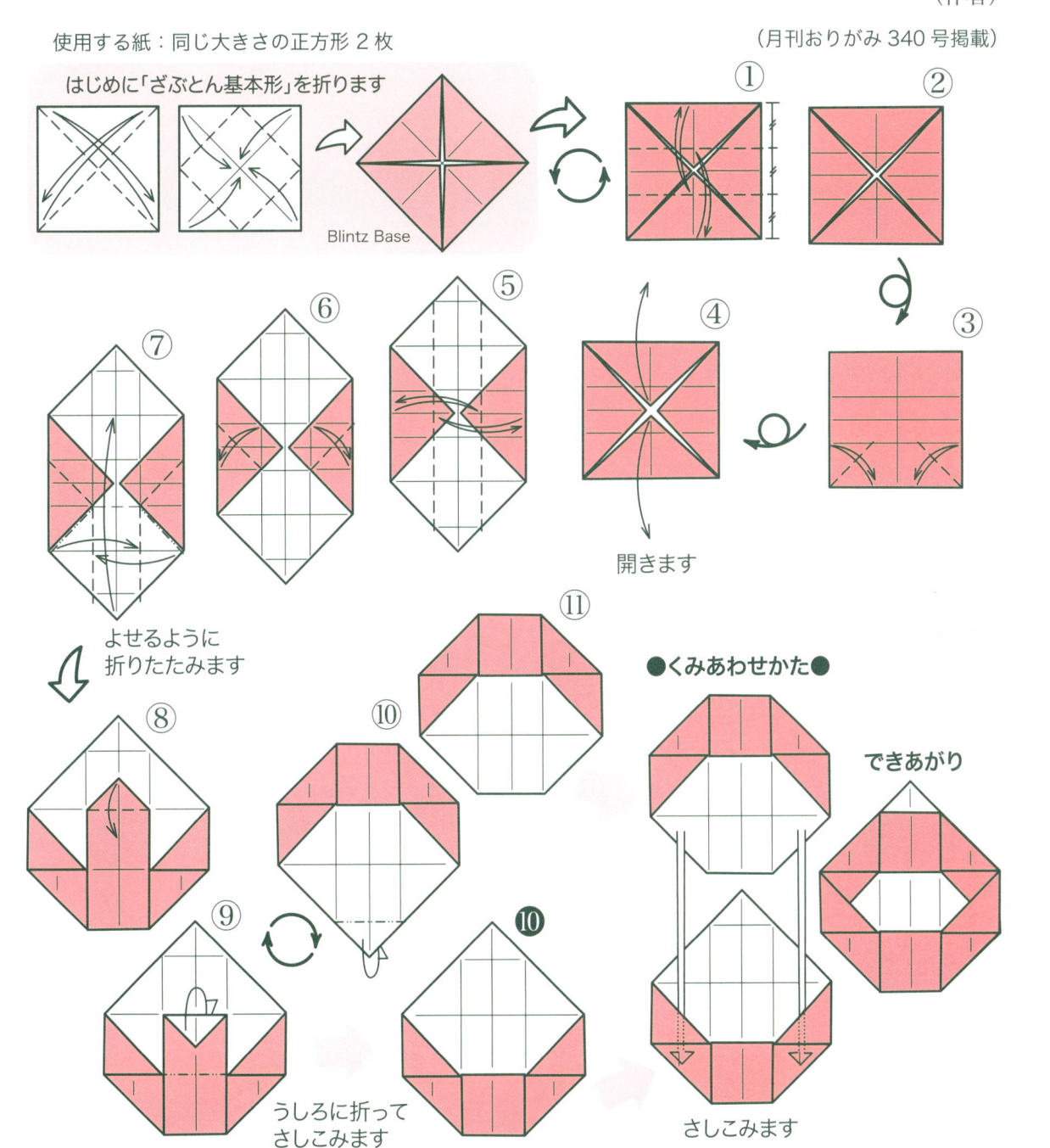

使用する紙：同じ大きさの正方形2枚

はじめに「ざぶとん基本形」を折ります

Blintz Base

① ② ③ ④ ⑤ ⑥ ⑦

開きます

よせるように折りたたみます

⑧ ⑨ ⑩ ⑪

うしろに折ってさしこみます

●くみあわせかた●

できあがり

さしこみます

おりがみでクリスマス3　**53**

~クリスマスかざり~

Wreath with hearts arranged by Ms. Noriko NAGATA

ハートのリース　永田紀子

（原作「動くハート」デヴィッド・ペティ）

1993年の箱根での折紙シンポジウムにイギリスのデヴィッド・ペティさんが来日され、「動くハート」を教わりました。大好きなこの作品をリースにしたくて、がんばってみました。　　　　　　　　　　　（作者）

（月刊おりがみ378号掲載）

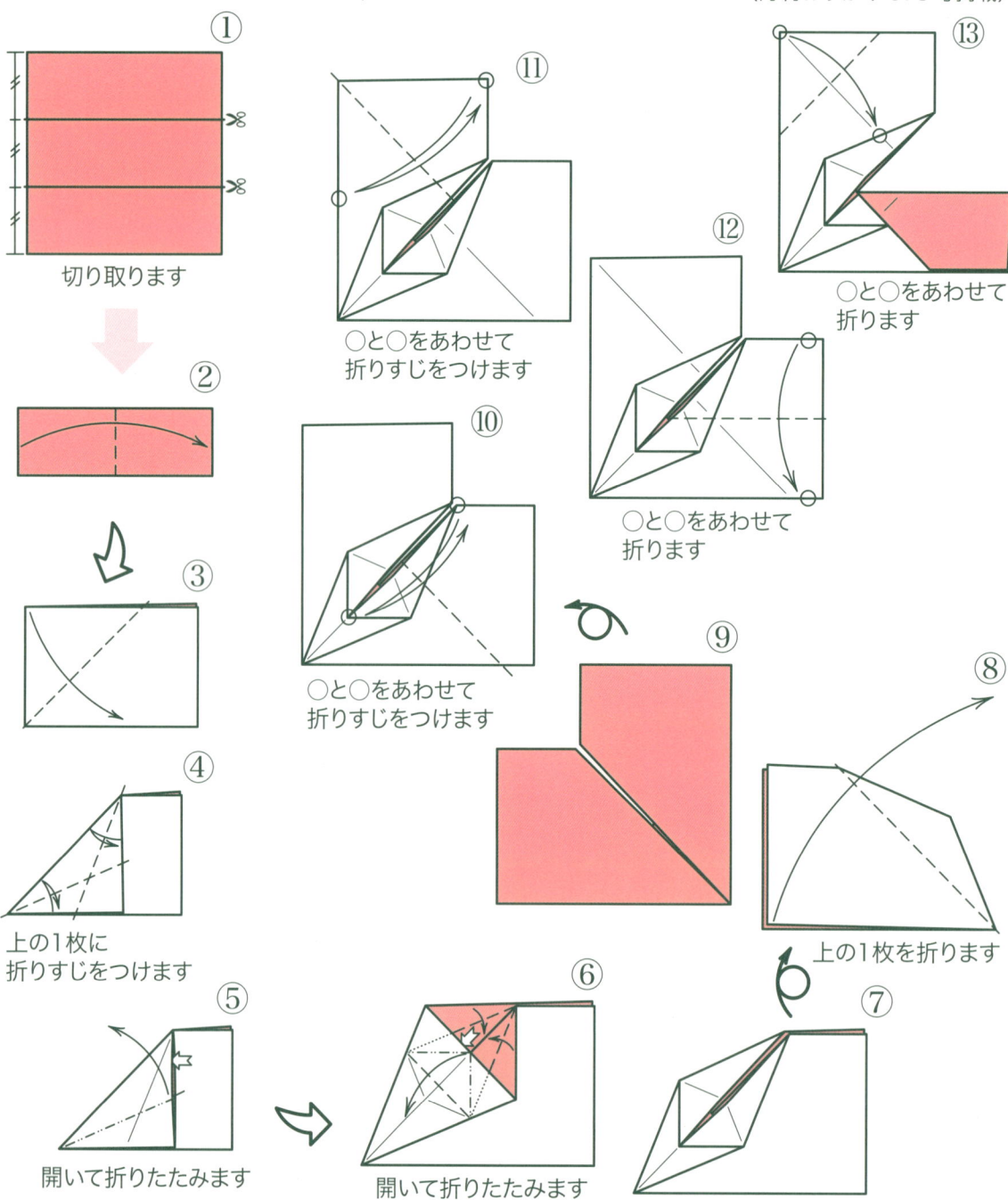

使用する紙：同じ大きさの長方形8枚

① 切り取ります

②

③

④ 上の1枚に折りすじをつけます

⑤ 開いて折りたたみます

⑥ 開いて折りたたみます

⑦

⑧ 上の1枚を折ります

⑨

⑩ ○と○をあわせて折りすじをつけます

⑪ ○と○をあわせて折りすじをつけます

⑫ ○と○をあわせて折ります

⑬ ○と○をあわせて折ります

54　おりがみでクリスマス3

⑭ ⑮ ⑯

⑩でつけたすじで
折りすじをつけ直します

単体
できあがり

同じものを8こ作ります

●くみあわせかた●

1

○と○をあわせて
さしこみます

2

3

4 （部分図）

開いて
折りたたみます

5

下にさしこみます

6

のこりの6こも
1〜5と同じように
折ります

できあがり

（参考写真）

6

さいごの1か所は
ねじるようにして
さしこみます

おりがみでクリスマス3 **55**

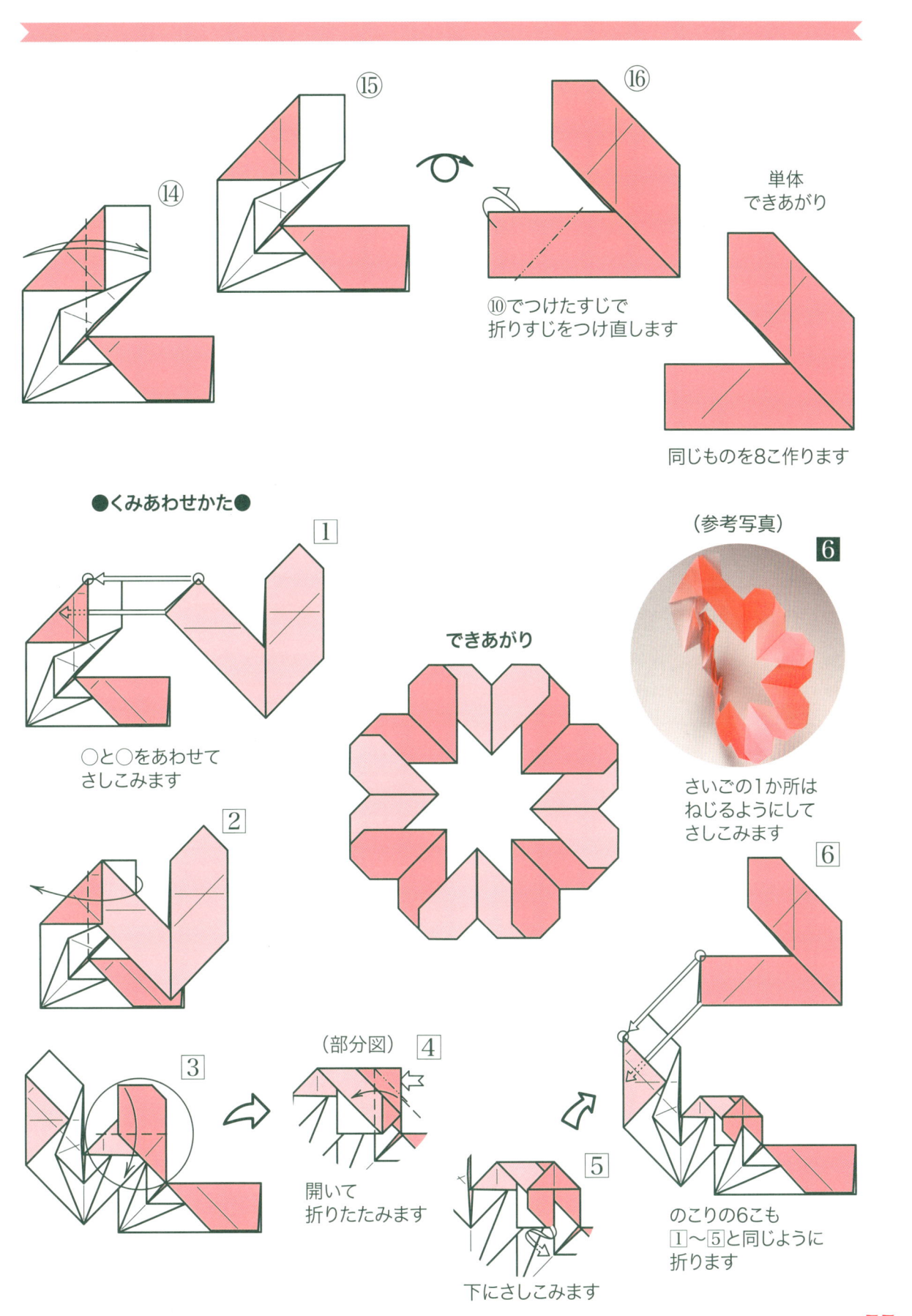

~クリスマスかざり～

Poinsettia-shaped wreath by Ms. Taiko NIWA

ポインセチアリース

丹羽兌子

赤と緑のポインセチアをリースにしました。折り方も易しく、組み方も易しいリースです。赤と緑の両面折り紙を使ってください。　　　　　　　　　　　　（作者）

使用する紙：同じ大きさの正方形 8 枚　　　　　　（月刊おりがみ 352 号掲載）

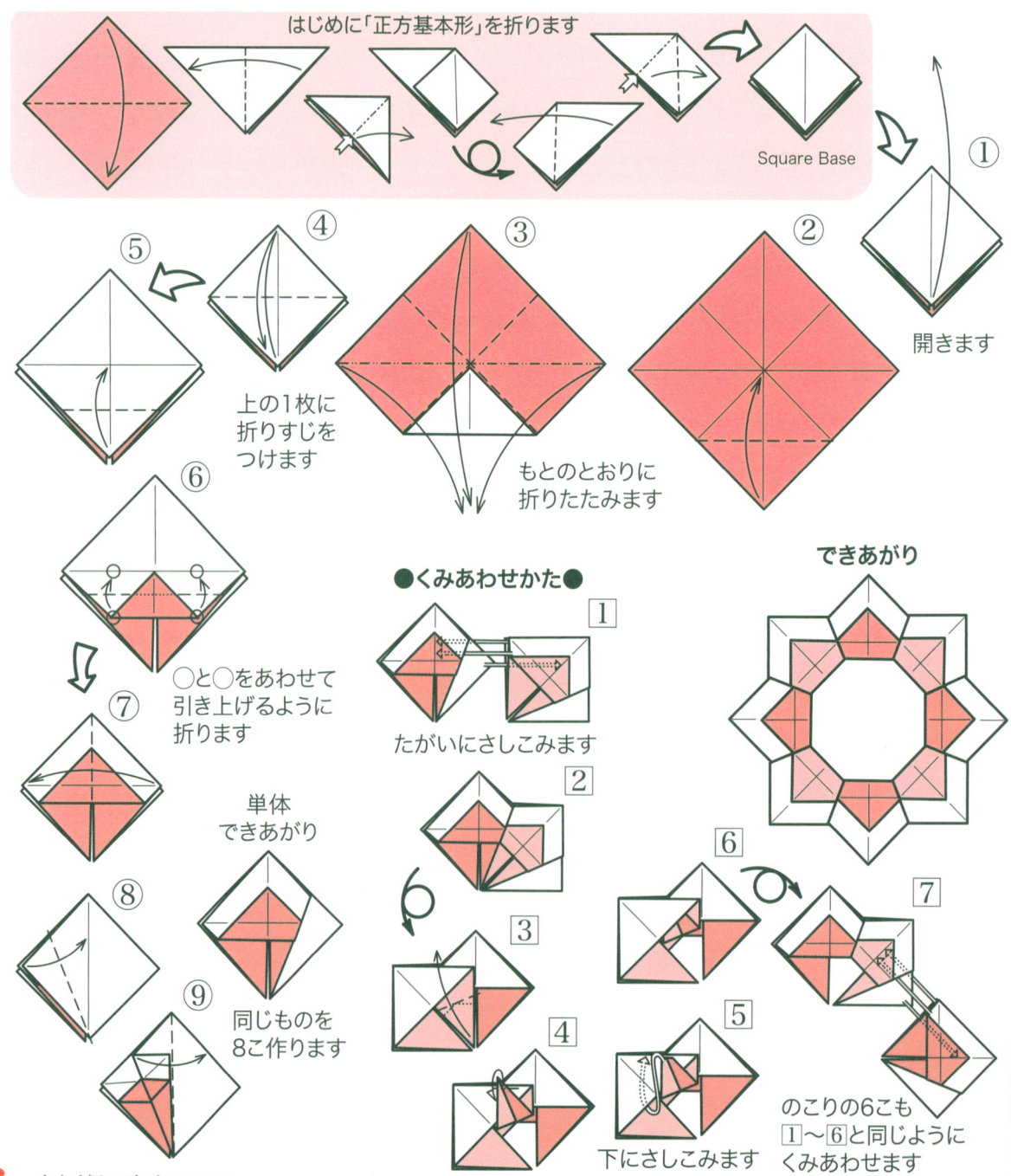

はじめに「正方基本形」を折ります

Square Base

① 開きます

②

③ もとのとおりに折りたたみます

④ 上の1枚に折りすじをつけます

⑤

⑥ ○と○をあわせて引き上げるように折ります

⑦

単体できあがり

⑧

⑨ 同じものを8こ作ります

●くみあわせかた●

1 たがいにさしこみます

2

3

4 下にさしこみます

5

6

7 のこりの6こも 1 ～ 6 と同じようにくみあわせます

できあがり

56　おりがみでクリスマス3

~クリスマスかざり~

Decorations by Mr. Kōya ŌHASHI

飾り　大橋晧也

伝承の飾りを2枚あわせると、違う形の飾りができます。

（月刊おりがみ154号掲載）

使用する紙：飾り1…正方形 1枚
　　　　　　飾り2・3…同じ大きさの正方形 2枚

飾り1（伝承）　Decoration 1　(Traditional model)

はじめに「二そう舟基本形」を折ります

W-Boat Base

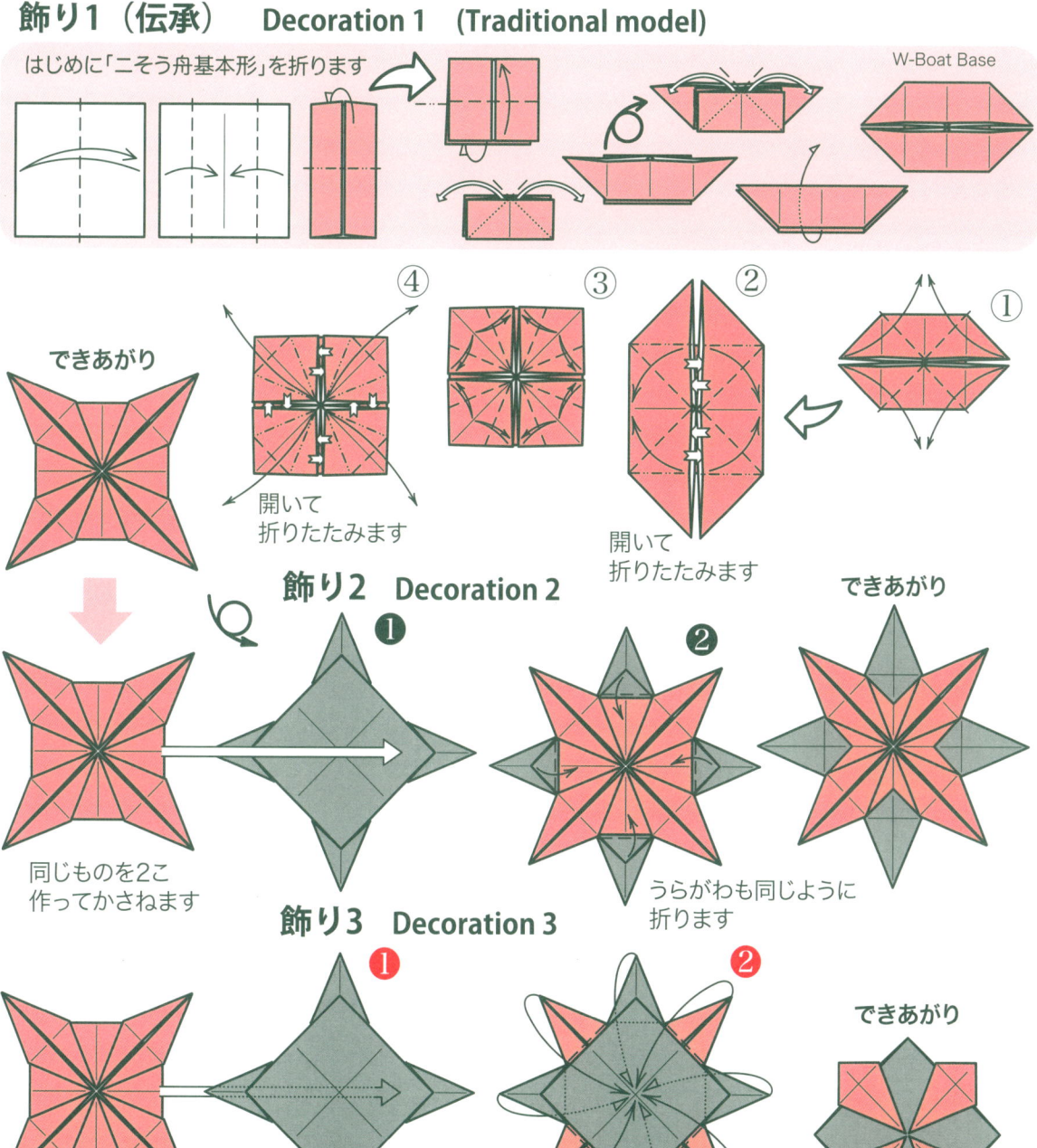

① ② ③ ④

開いて折りたたみます

開いて折りたたみます

できあがり

飾り2　Decoration 2

❶ ❷

同じものを2こ作ってかさねます

うらがわも同じように折ります

できあがり

飾り3　Decoration 3

❶ ❷

同じものを2こ作ってかさねます

できあがり

おりがみでクリスマス3　57

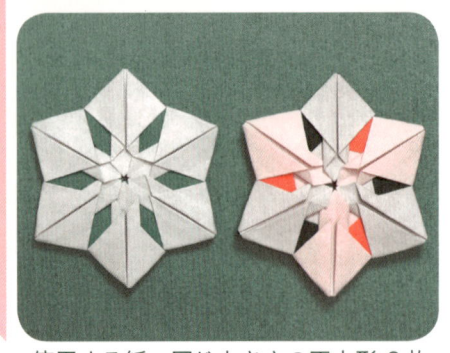

~クリスマスかざり~

Snow crystal coaster by Ms. Sayoko KUWABARA

雪のコースター　くわばらさよこ

裏と表の好きな面が選べるコースターです。組み方や、折り方を少しかえると、たくさんのバリエーションができます。雪からのぞいて見える彩（いろどり）がステンドグラスようになっているところが、私のお気に入りです。　（作者）

使用する紙：同じ大きさの正方形6枚

（月刊おりがみ412号掲載）

はじめに「風船基本形」を折ります

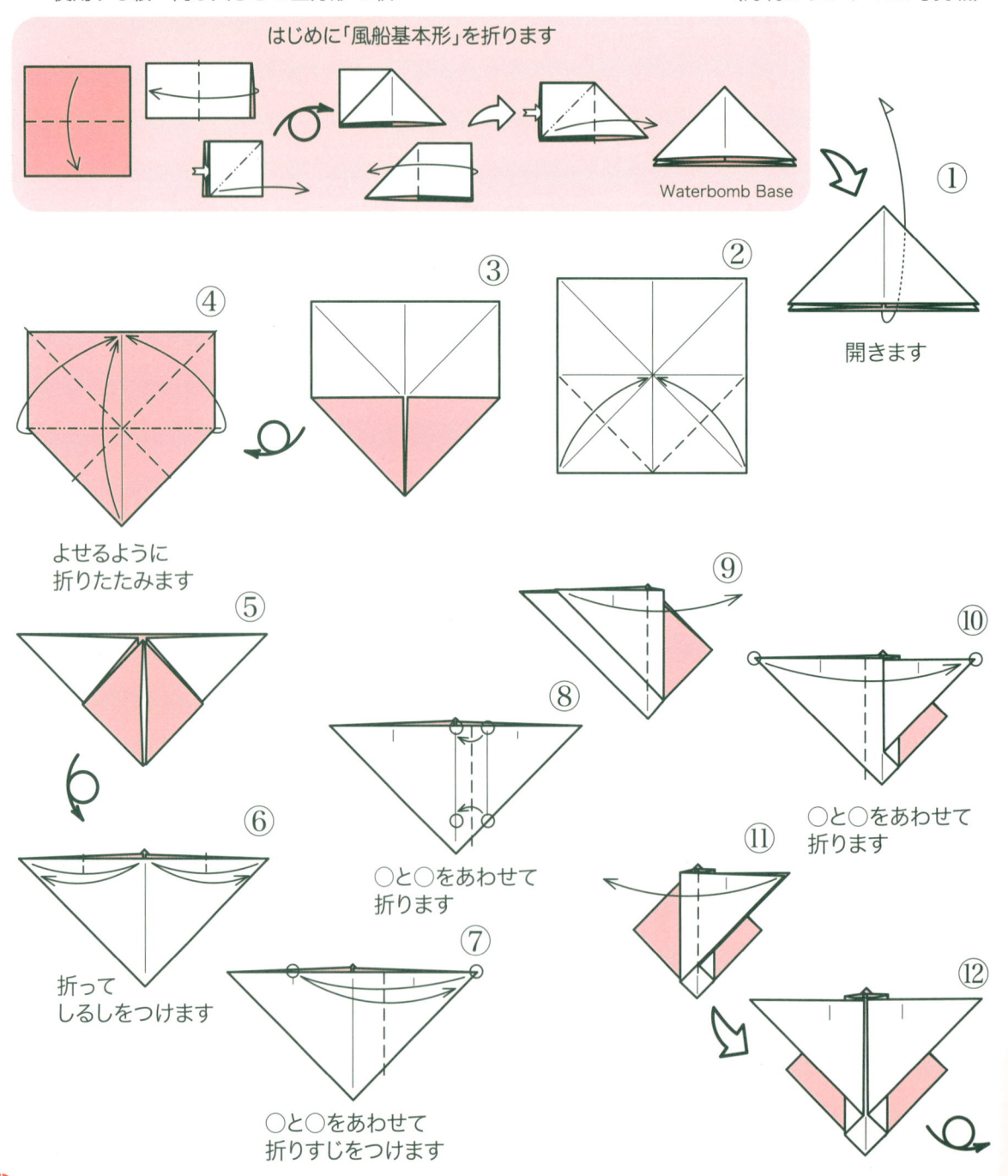

Waterbomb Base

① 開きます

②

③

④ よせるように折りたたみます

⑤

⑥ 折ってしるしをつけます

⑦ ○と○をあわせて折りすじをつけます

⑧ ○と○をあわせて折ります

⑨

⑩ ○と○をあわせて折ります

⑪

⑫

58　おりがみでクリスマス3

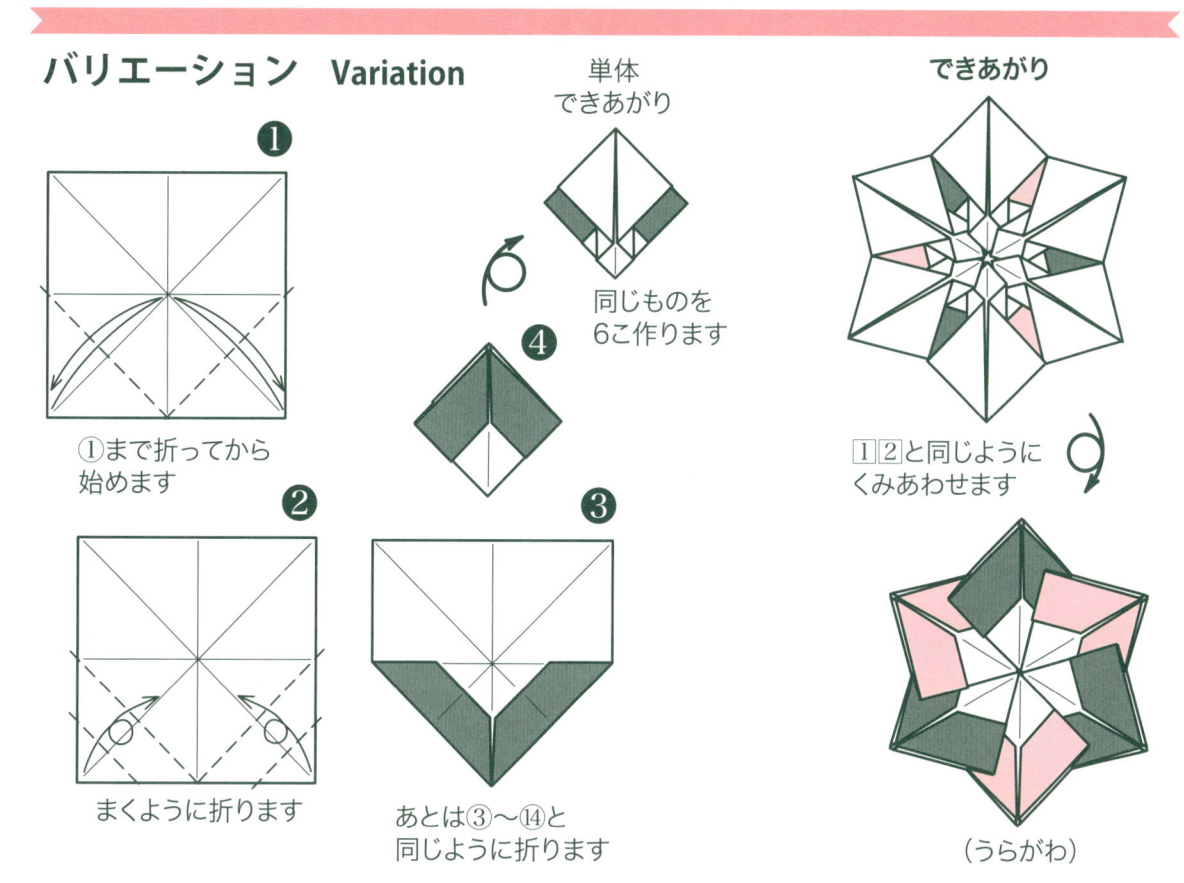

バリエーション　Variation

❶ ①まで折ってから始めます

❷ まくように折ります

❸ あとは③〜⑭と同じように折ります

❹

単体できあがり
同じものを6こ作ります

できあがり
①②と同じようにくみあわせます

（うらがわ）

●くみあわせかた●

1　○と○をあわせてさしこんでのりづけします

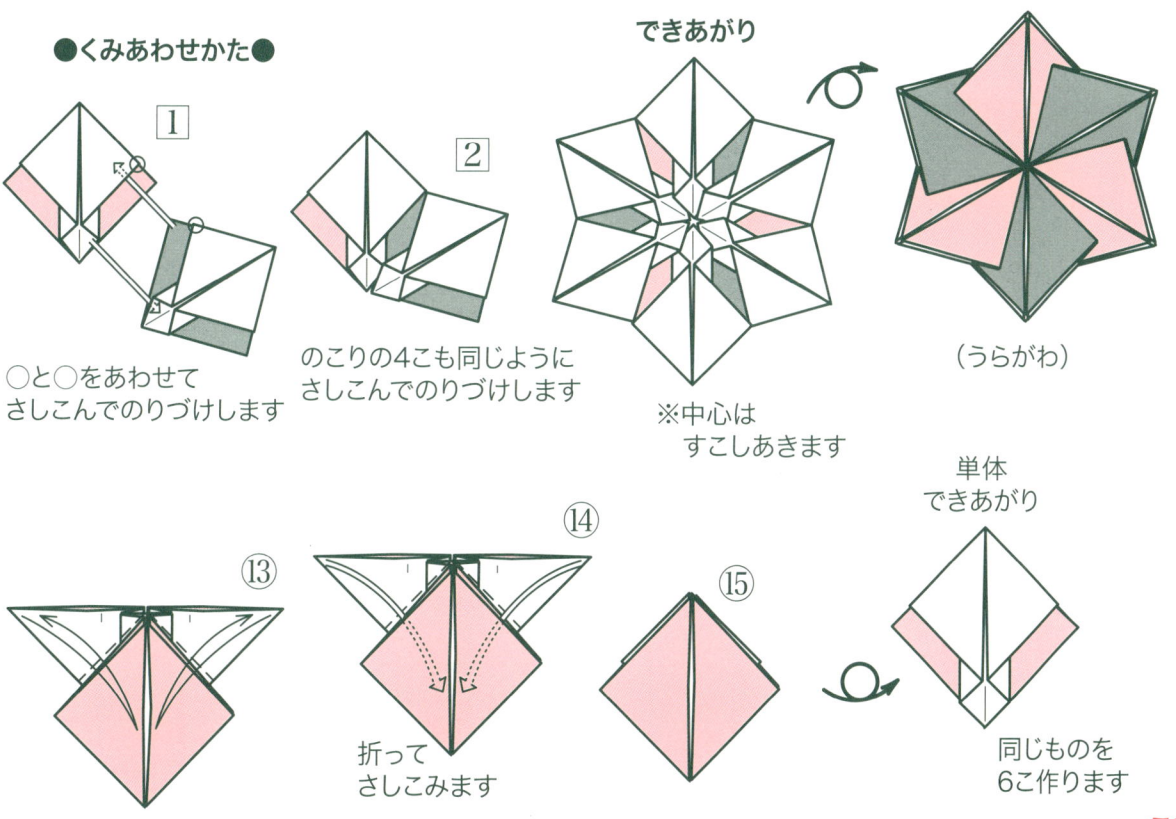

2　のこりの4こも同じようにさしこんでのりづけします

できあがり
※中心はすこしあきます

（うらがわ）

⑬

⑭ 折ってさしこみます

⑮

単体できあがり
同じものを6こ作ります

おりがみでクリスマス3　59

~クリスマスかざり~

Mosaic pattern by Ms. Ayako KAWATE

モザイク模様　川手章子

単体Bを折ったときに、中心が花のように美しいと思い、四方向から同様に折ったものをさしこんで組み合わせてみました。15cm角の折り紙で折ったものを縦に3個、横に4個並べて壁飾りに、7.5cm角の折り紙で折ったものは、少し手を加えると、ブローチやペンダントにも応用できそうです。　（作者）

（月刊おりがみ304号掲載）

使用する紙：同じ大きさの正方形5枚

単体A　unit A

① ② 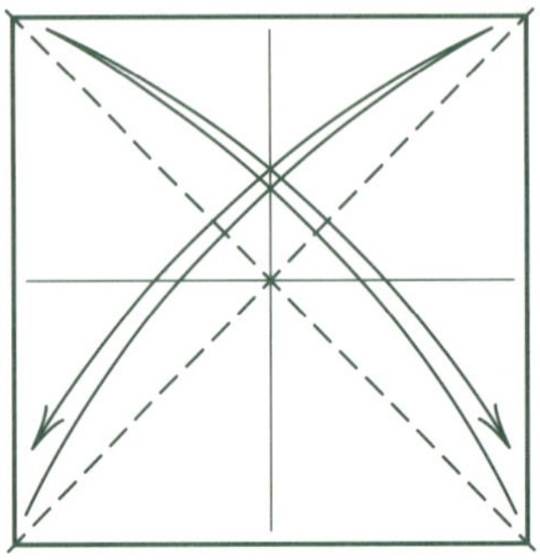 ③ 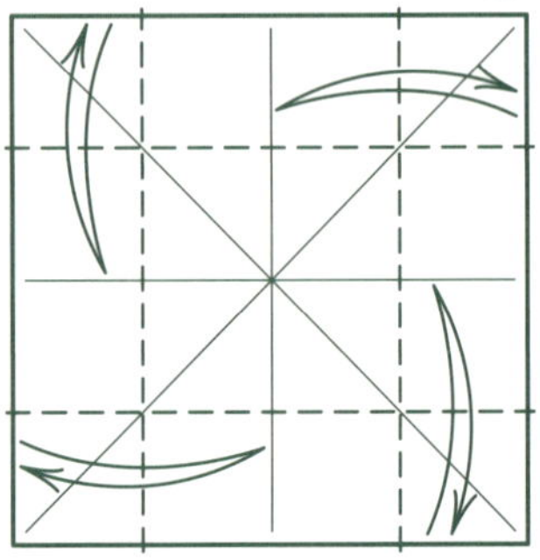 ④ 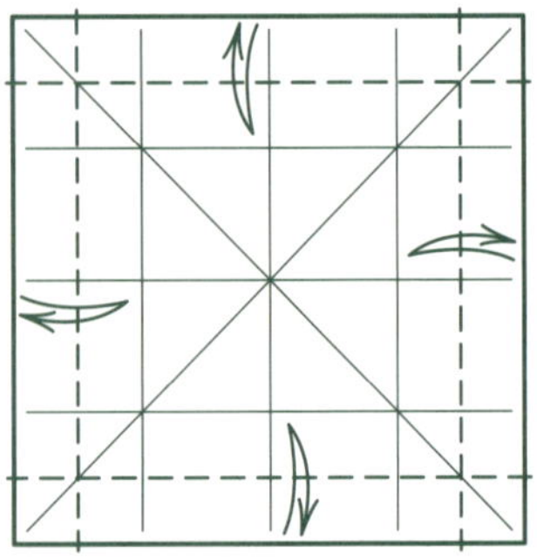 ⑤ 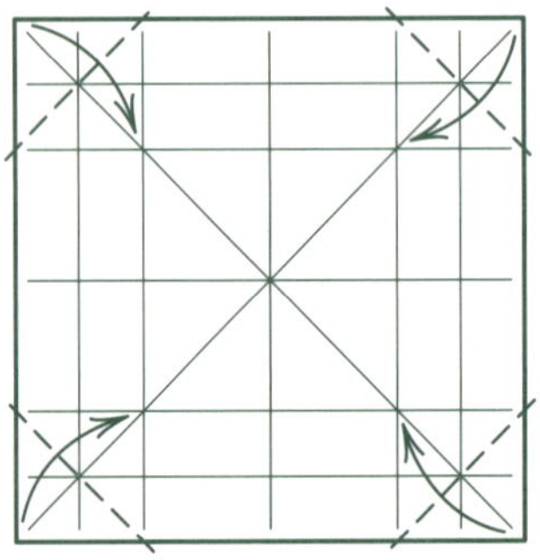 ⑥

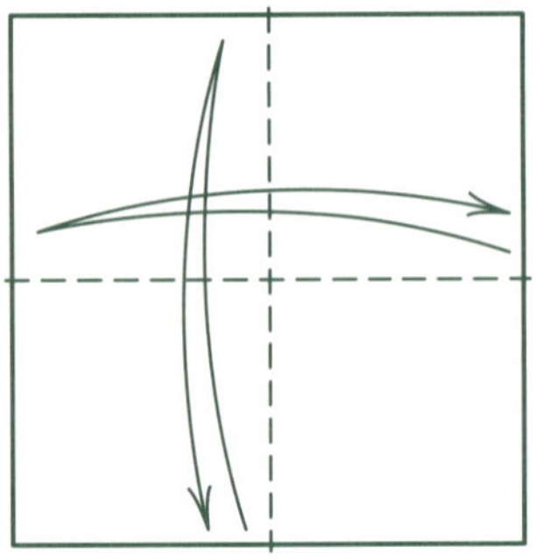

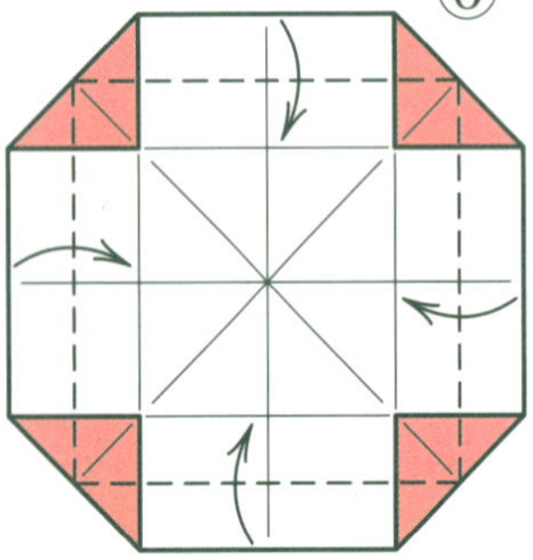

⑦

単体A
できあがり

同じものを
4こ作ります

単体B　unit B

❶ 単体Aを折ってから始めます

❷ 折ってのりづけします

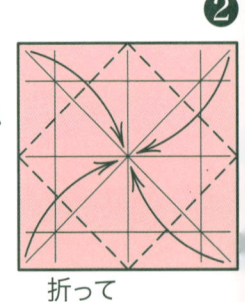

60　おりがみでクリスマス3

●くみあわせかた●

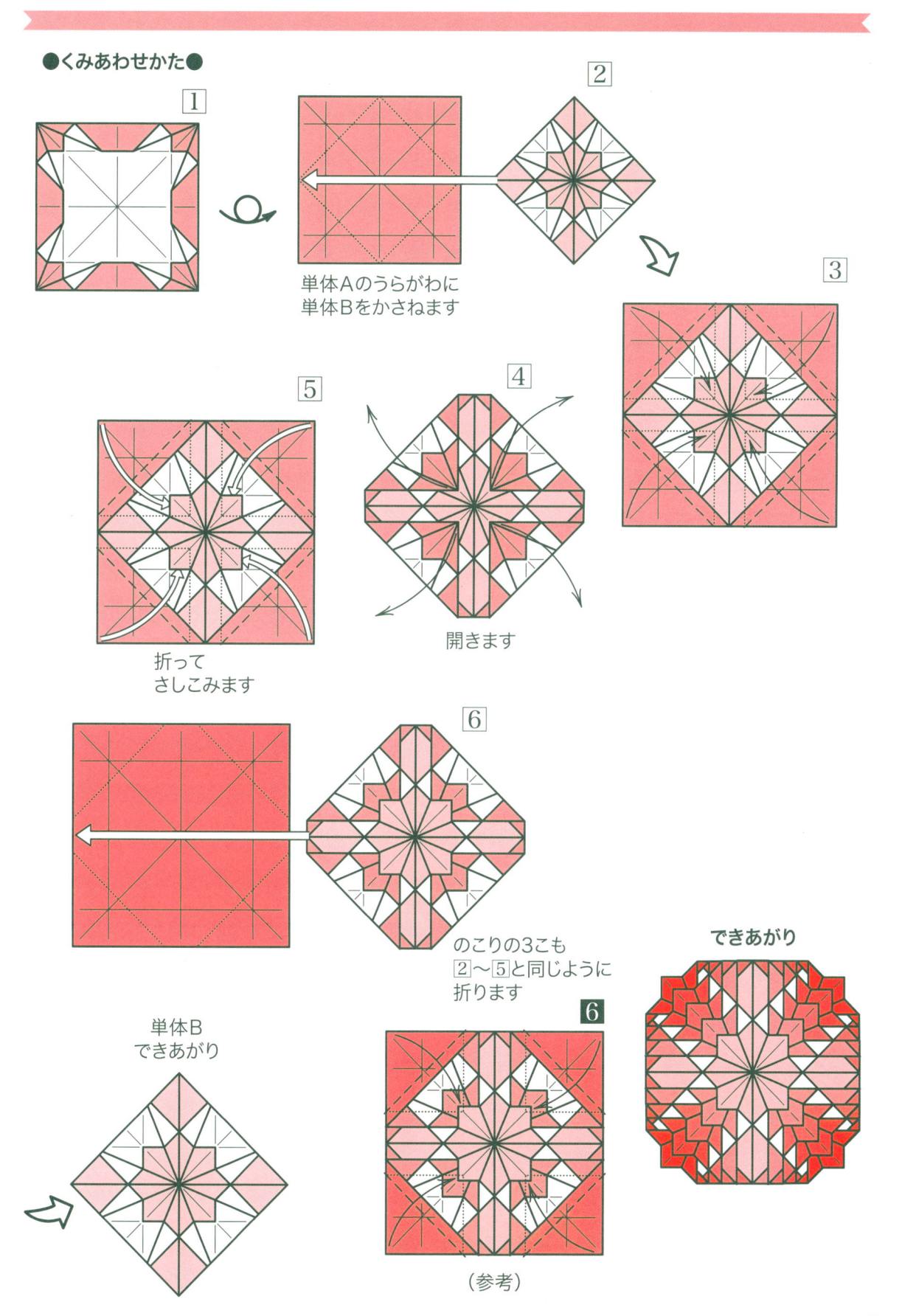

1

2
単体Aのうらがわに
単体Bをかさねます

3

4
開きます

5
折って
さしこみます

6
のこりの3こも
2〜5と同じように
折ります

単体B
できあがり

6
(参考)

できあがり

おりがみでクリスマス3 **61**

~クリスマスかざり~

Candle with a candlestick by Ms. Taiko NIWA

燭台つきキャンドル

丹羽兌子

ほの暗い教会の廊下を燭台を持って歩くシスターの姿を想像しながら折りました。　　　　　（作者）

使用する紙：正方形1枚　　（月刊おりがみ340号掲載）

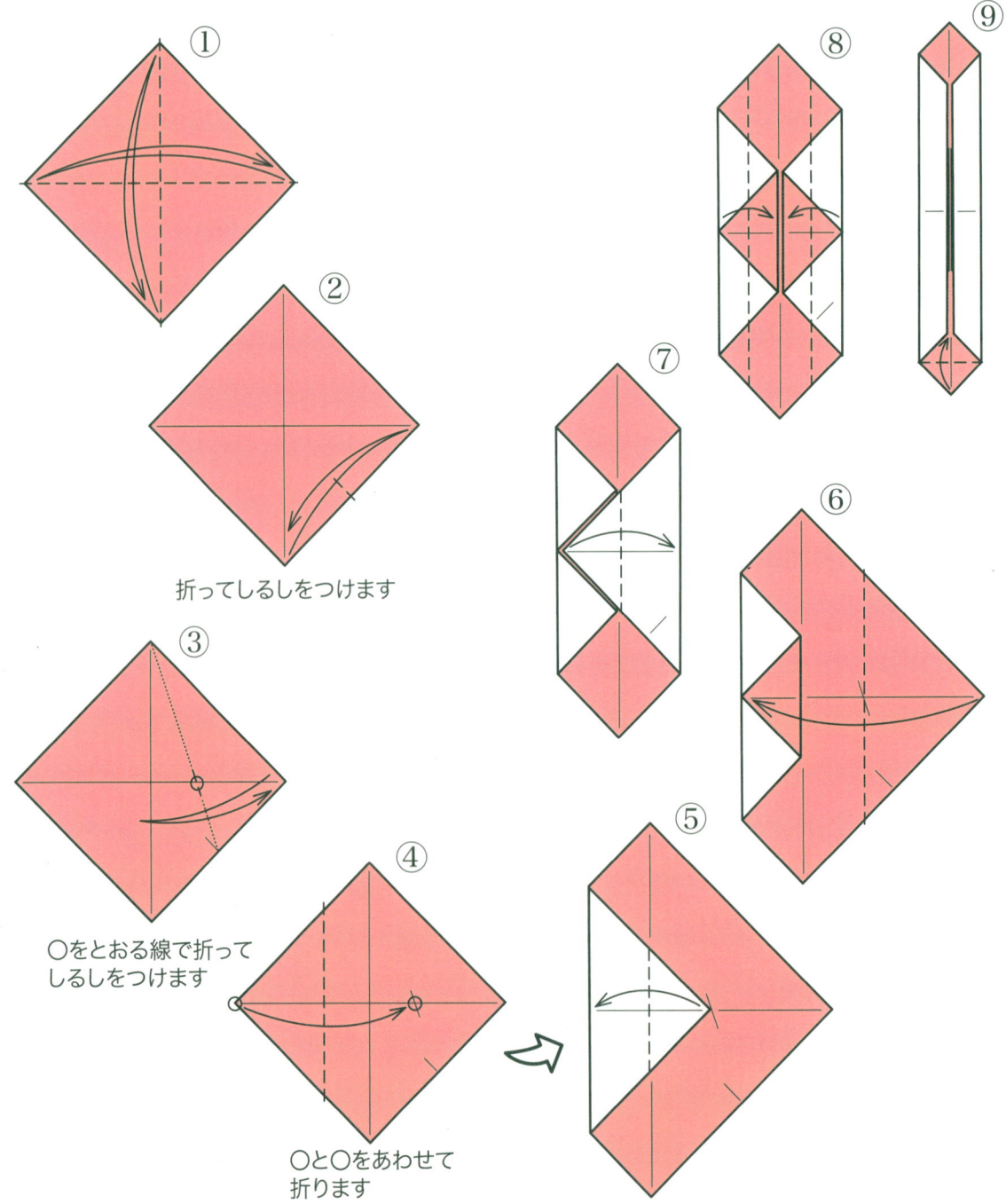

①

② 折ってしるしをつけます

③ ○をとおる線で折ってしるしをつけます

④ ○と○をあわせて折ります

⑤

⑥

⑦

⑧

⑨

62　おりがみでクリスマス3

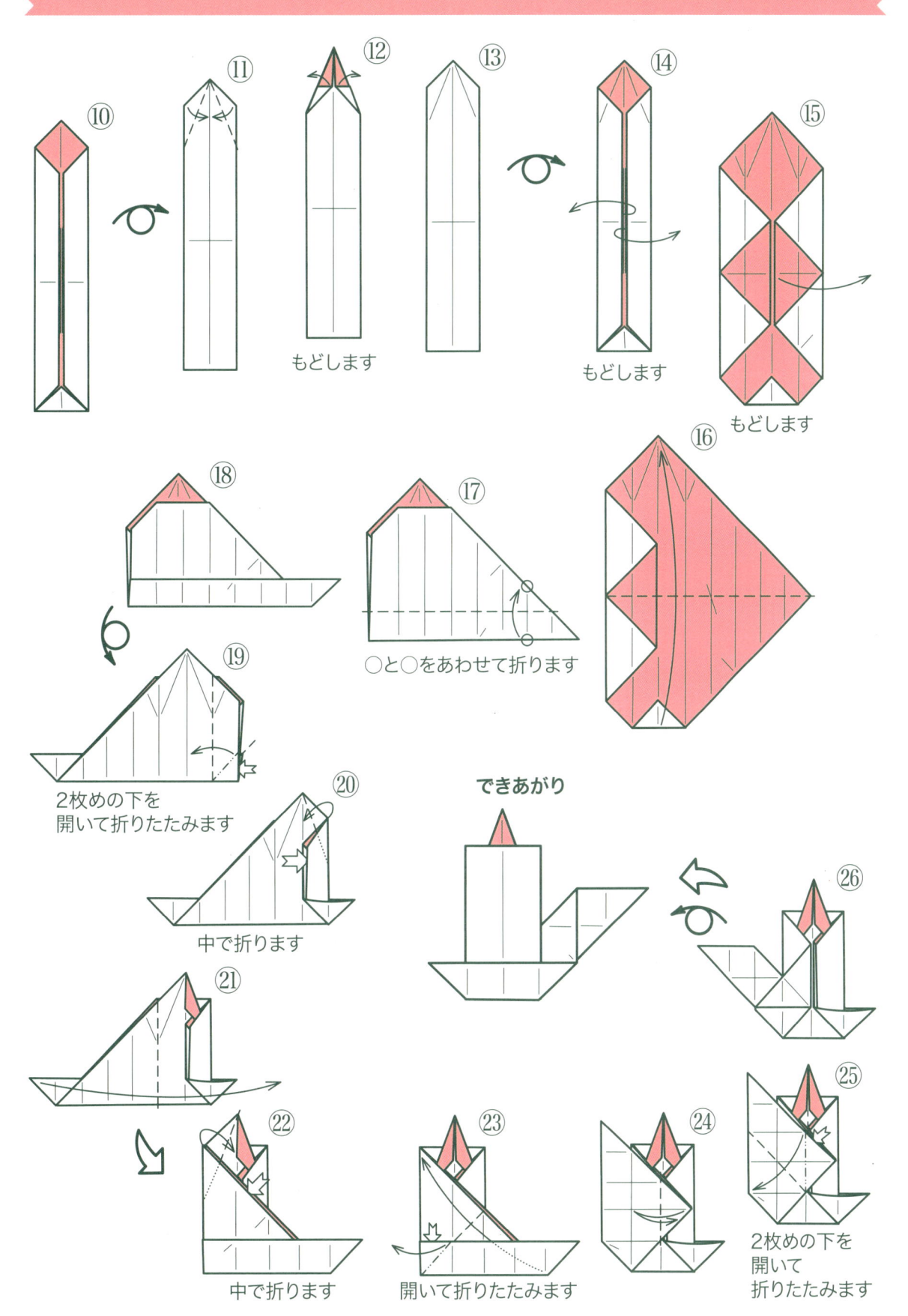

⑩ ⑪ ⑫ もどします ⑬ ⑭ もどします ⑮ もどします

⑯ ⑰ ○と○をあわせて折ります

⑱ ⑲ 2枚めの下を開いて折りたたみます

⑳ 中で折ります

できあがり

㉑ ㉒ 中で折ります ㉓ 開いて折りたたみます ㉔ ㉕ 2枚めの下を開いて折りたたみます ㉖

おりがみでクリスマス3 **63**

~クリスマスかざり~

Ribbon by Ms. Akiko YAMANASHI

リボン 山梨明子

伝承のリボンを工夫して、下の重なりが出るようにしたアレンジ作品です。　　　　　　　　　　（作者）

使用する紙：正方形1枚　　（月刊おりがみ412号掲載）

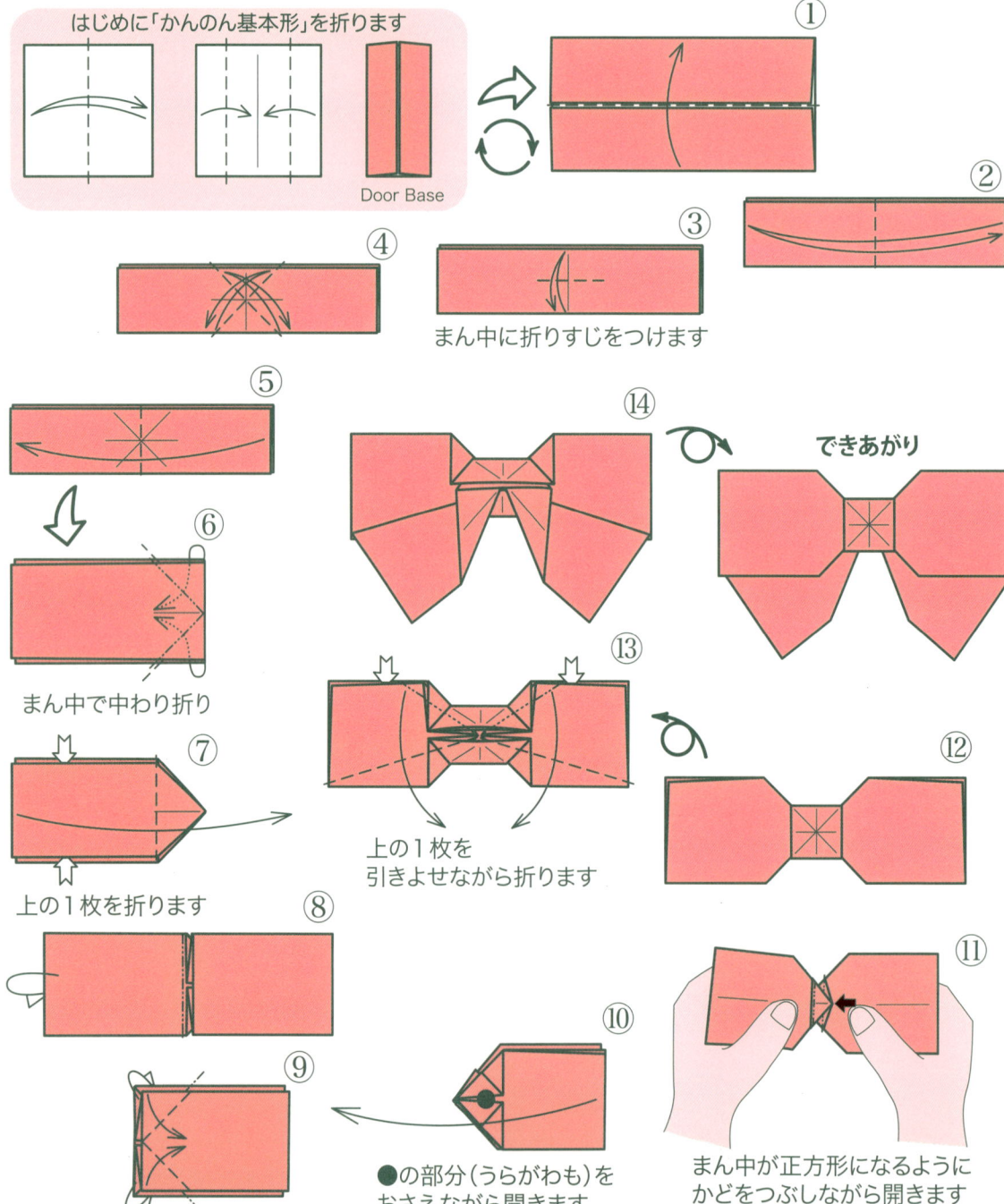

はじめに「かんのん基本形」を折ります

Door Base

①

②

③ まん中に折りすじをつけます

④

⑤

⑥ まん中で中わり折り

⑦ 上の1枚を折ります

⑧

⑨

⑩ ●の部分（うらがわも）をおさえながら開きます

⑪ まん中が正方形になるようにかどをつぶしながら開きます

⑫

⑬ 上の1枚を引きよせながら折ります

⑭

できあがり

64　おりがみでクリスマス3

~クリスマスかざり~

Ribbon by Ms. Mieko SETA

リボン 瀬田美恵子

伝承のリボンの折り方を応用しました。紙の大きさは図の比率でなくても折れます。ループの数を増やしたり、リボンの先を工夫したりすることで、さらに素敵なリボンに変身してくれます。 （作者）

（月刊おりがみ340号掲載）

使用する紙：同じ大きさの長方形2枚

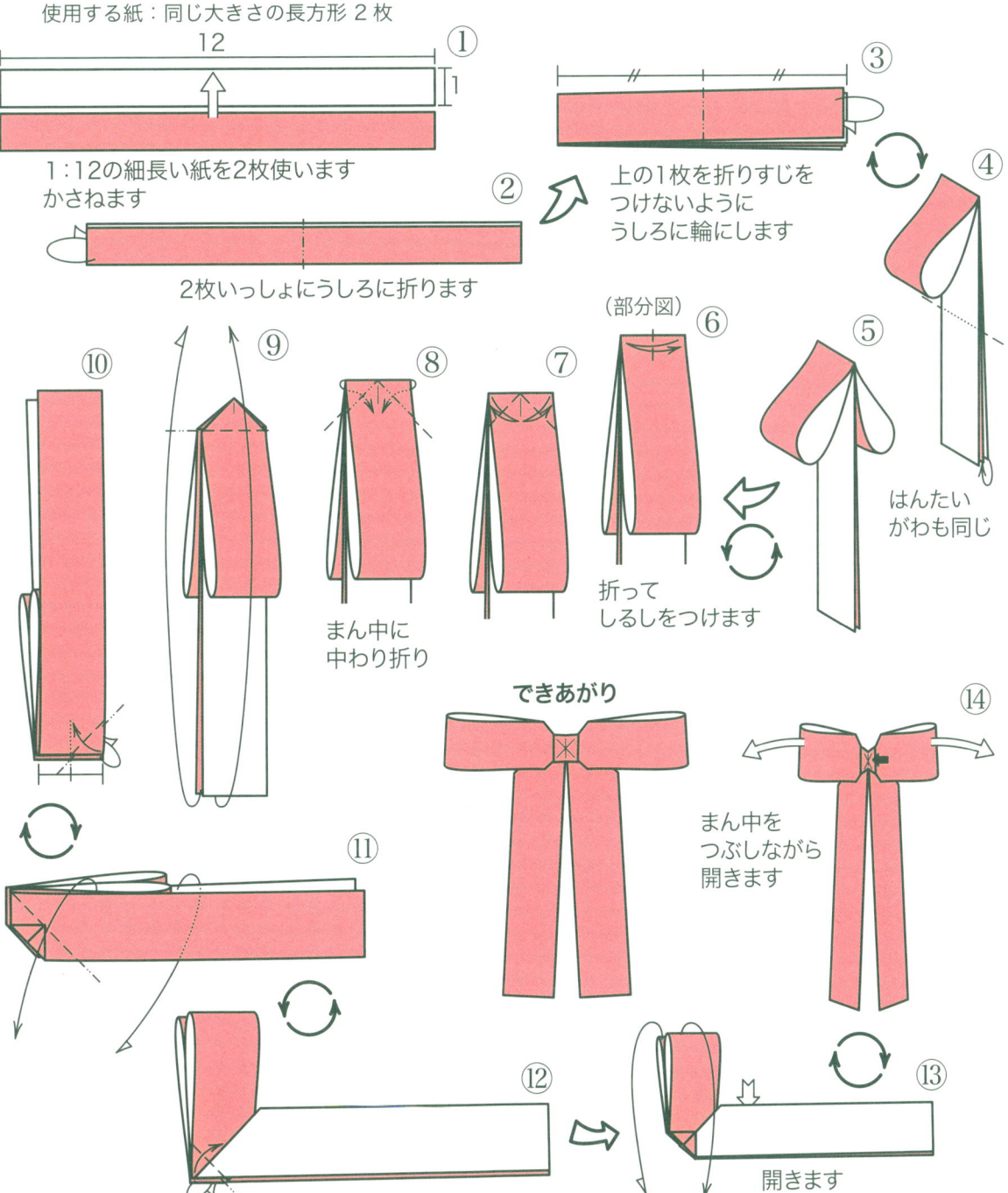

① 1:12の細長い紙を2枚使います かさねます

② 2枚いっしょにうしろに折ります

③ 上の1枚を折りすじをつけないようにうしろに輪にします

④

⑤ はんたいがわも同じ

⑥ （部分図） 折ってしるしをつけます

⑦

⑧ まん中に中わり折り

⑨

⑩

⑪

⑫

⑬ 開きます

できあがり

⑭ まん中をつぶしながら開きます

おりがみでクリスマス3　65

~クリスマスかざり~

Bell with a ribbon by Mr. Nobuyoshi ENOMOTO

リボンの付いたベル

榎本宣吉

㉒からの折りの違いで、ハート付きやジグザグ模様付きのバリエーションができます。

使用する紙：正方形1枚　　（月刊おりがみ172号掲載）

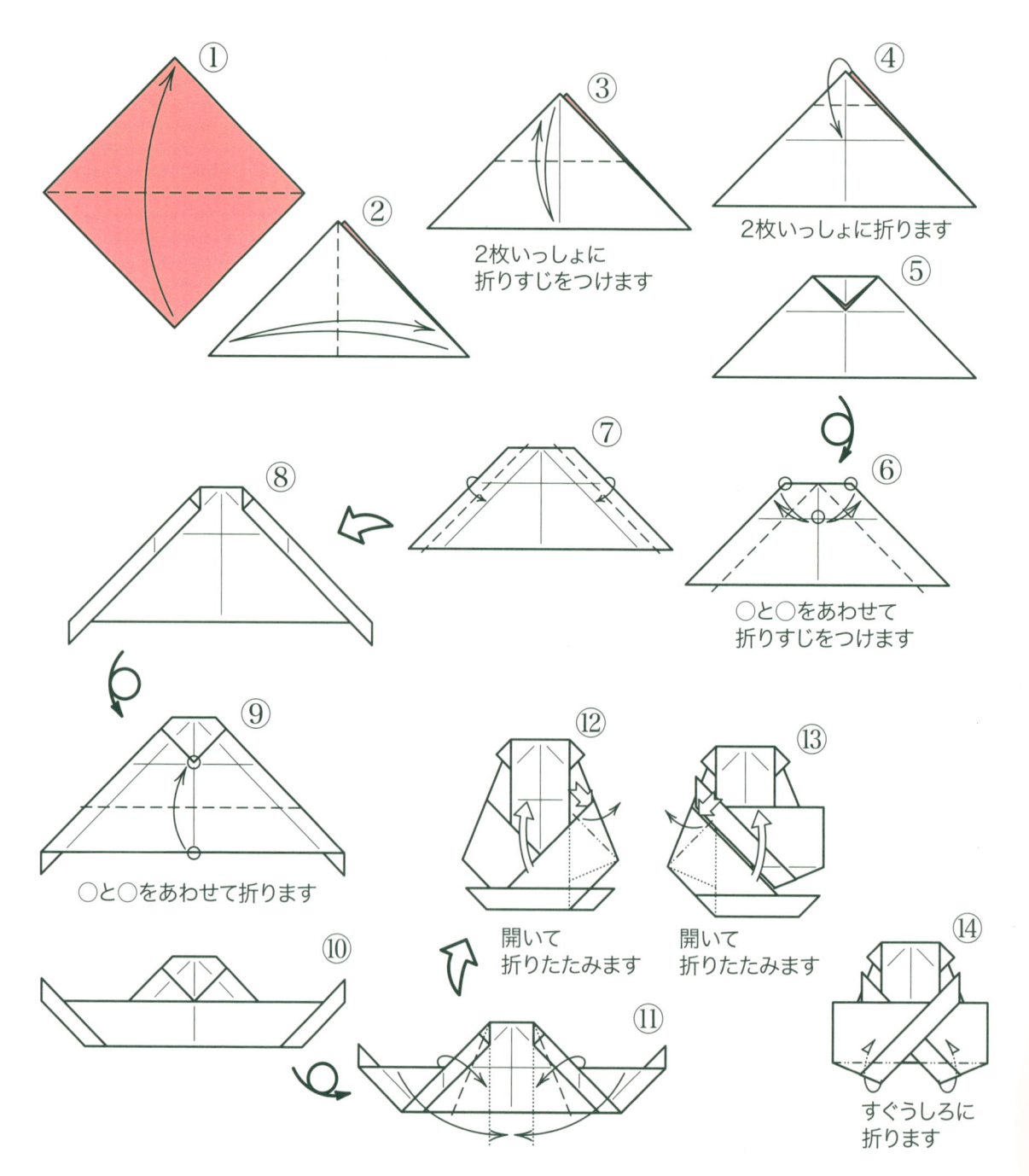

①

②

③ 2枚いっしょに折りすじをつけます

④ 2枚いっしょに折ります

⑤

⑥ ○と○をあわせて折りすじをつけます

⑦

⑧

⑨ ○と○をあわせて折ります

⑩

⑪

⑫ 開いて折りたたみます

⑬ 開いて折りたたみます

⑭ すぐうしろに折ります

66　おりがみでクリスマス3

㉖ 開きます

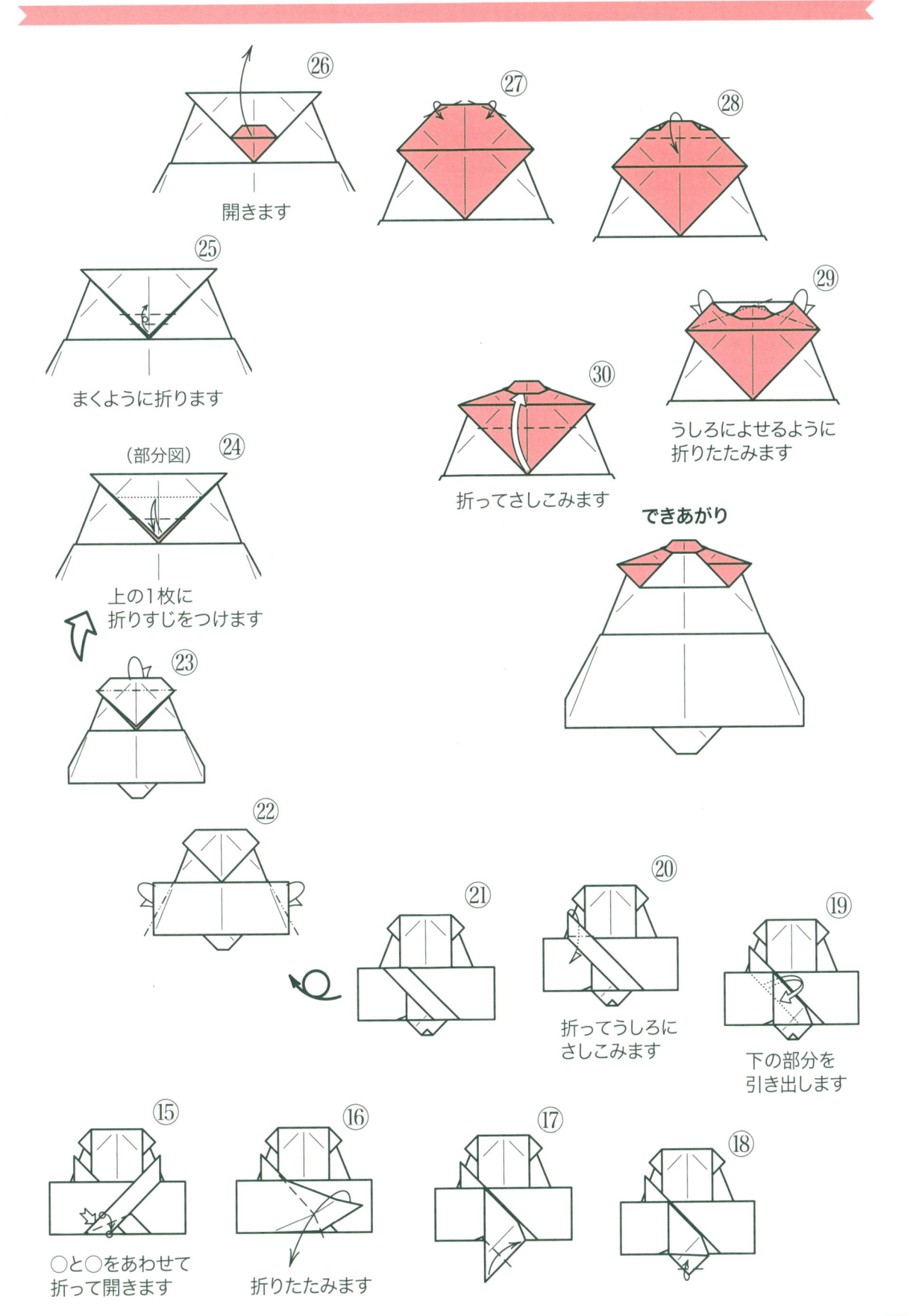

㉗

㉘

㉕ まくように折ります

㉙ うしろによせるように折りたたみます

㉚ 折ってさしこみます

㉔ (部分図) 上の1枚に折りすじをつけます

できあがり

㉓

㉒

㉑

⑳ 折ってうしろにさしこみます

⑲ 下の部分を引き出します

⑮ ○と○をあわせて折って開きます

⑯ 折りたたみます

⑰

⑱

おりがみでクリスマス3 **67**

~クリスマスかざり~

Boot by Mr. Yoshio TSUDA

底のあるブーツ 津田良夫

月刊おりがみ13号に石井英子さんの「ブーツ」という作品が紹介されました。クリスマスには必ず教える作品ですが、いつも残念に思っていたのは、ブーツの底がないことでした。それで工夫したのがこの作品です。⑧で上と下のポケットにしっかりさしこむこと、⑭で内側の山をつぶして底にするとき、つぶす部分を間違えないこと、が注意点です。 (作者)

(月刊おりがみ292号掲載)

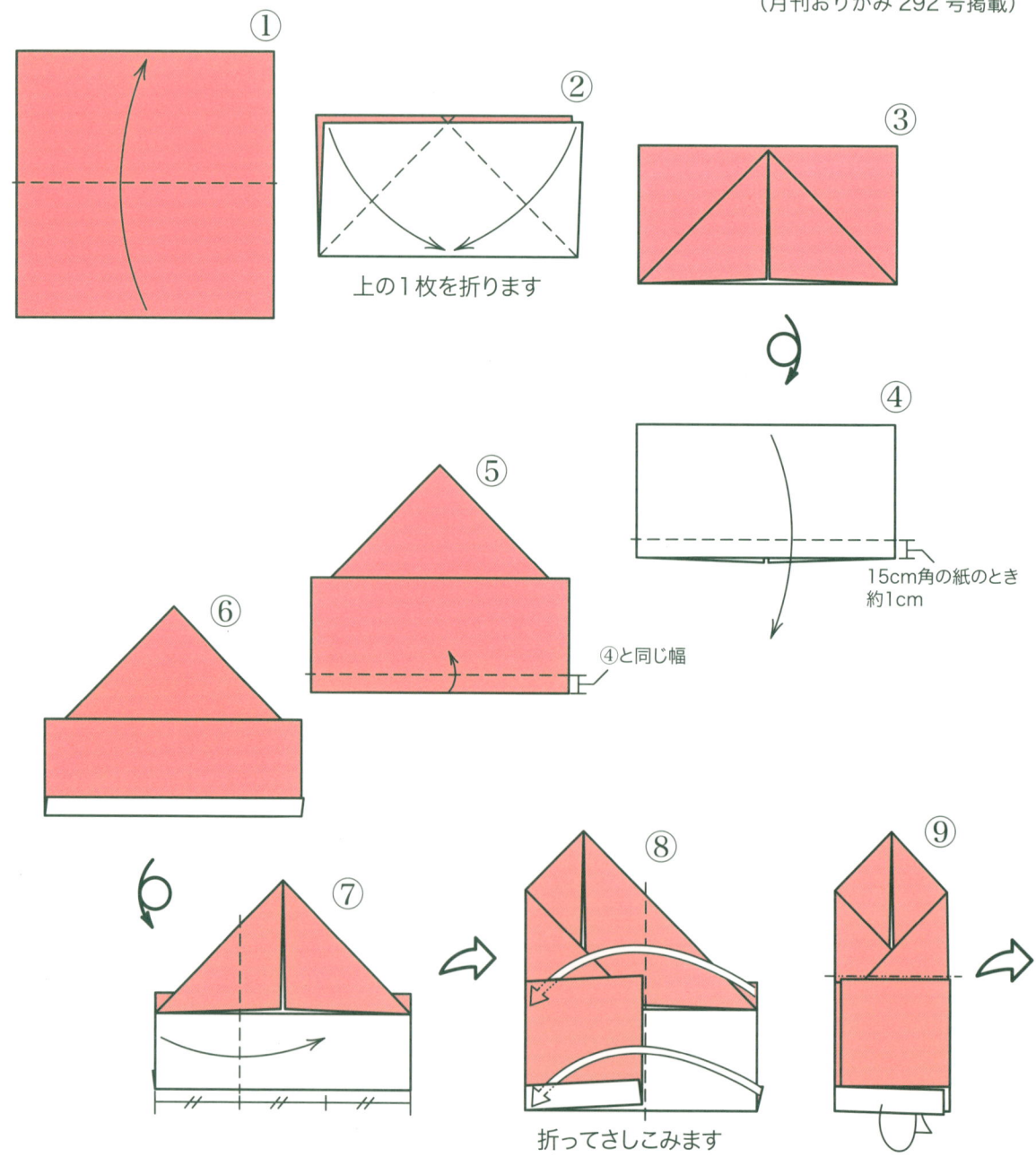

使用する紙：正方形1枚

② 上の1枚を折ります

④ 15cm角の紙のとき約1cm

⑤ ④と同じ幅

⑧ 折ってさしこみます

68　おりがみでクリスマス3

⑯ できあがり （参考写真）

底

うちがわ

⑮ ⑭ ⑬

底を四角く
ととのえます

上から下に
押しこみながら
底をたいらに広げ
立体にします

はんたいがわも
⑪⑫と同じように
折ります

⑩ ⑪ ⑫

○と○をあわせて
折って開きます

はしの部分を折ります
（中心までは折りません）

おりがみでクリスマス3

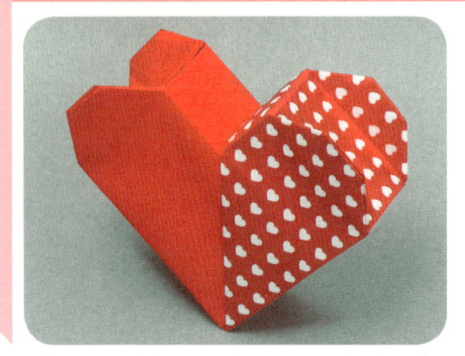

~クリスマスかざり~

Secret heart box by Ms. Akiko YAMANASHI

ハートの秘密箱 山梨明子

ハート型の箱は難しいものが多いですが、発想の転換で易しいものができました。開け方がわかりにくいので名前を「秘密箱」としました。本体上部のすき間に、もうひとつ秘密のプレゼントを入れてもいいですね。(作者)

(月刊おりがみ 414 号掲載)

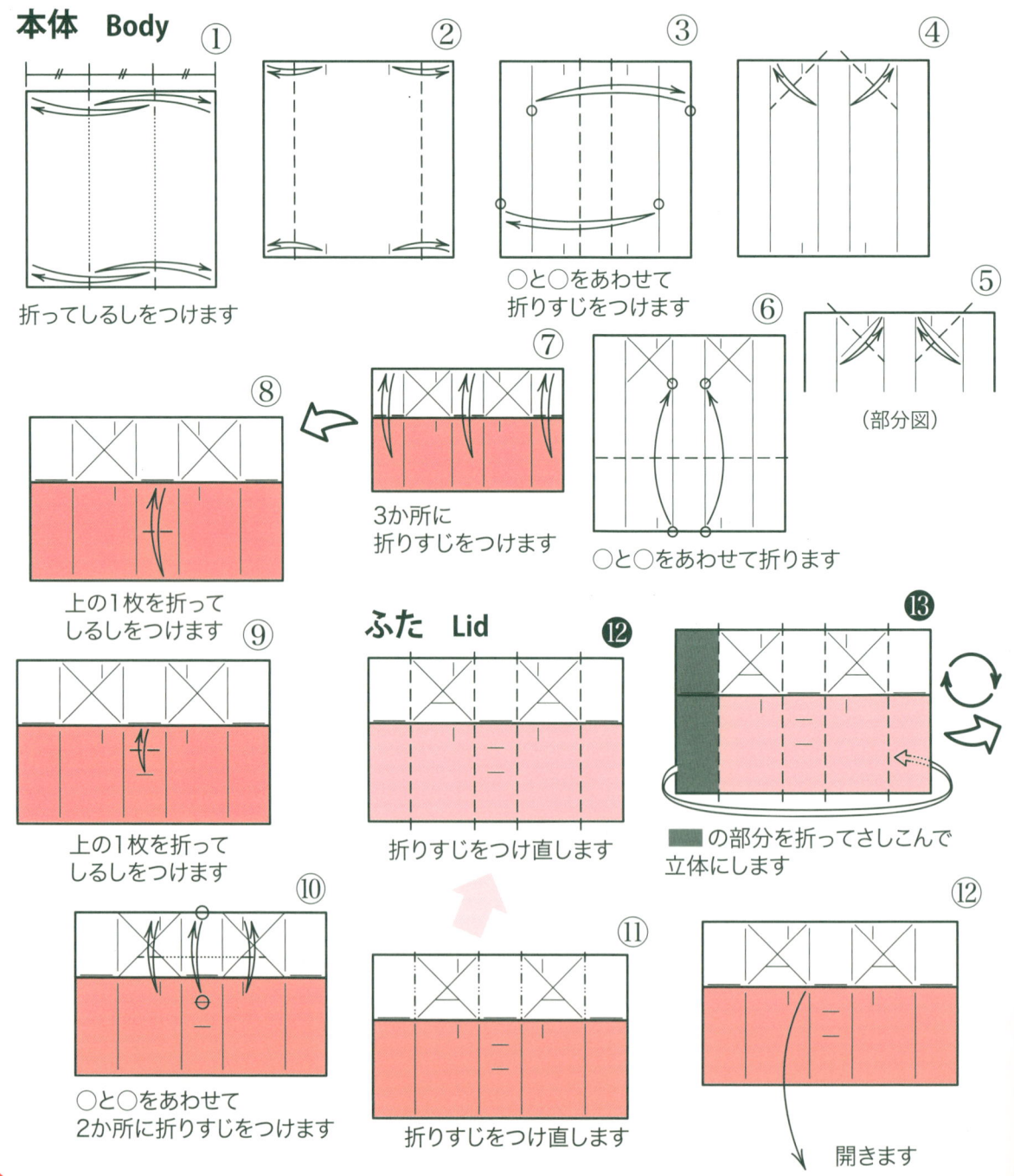

使用する紙：同じ大きさの正方形 2 枚

本体 Body

① 折ってしるしをつけます

②

③ ○と○をあわせて折りすじをつけます

④

⑤ (部分図)

⑥ ○と○をあわせて折ります

⑦ 3か所に折りすじをつけます

⑧ 上の1枚を折ってしるしをつけます

⑨ 上の1枚を折ってしるしをつけます

⑩ ○と○をあわせて2か所に折りすじをつけます

ふた Lid

⑪ 折りすじをつけ直します

⑫ 折りすじをつけ直します

⑬ ■の部分を折ってさしこんで立体にします

⑫ 開きます

おりがみでクリスマス3

⑰ できあがり

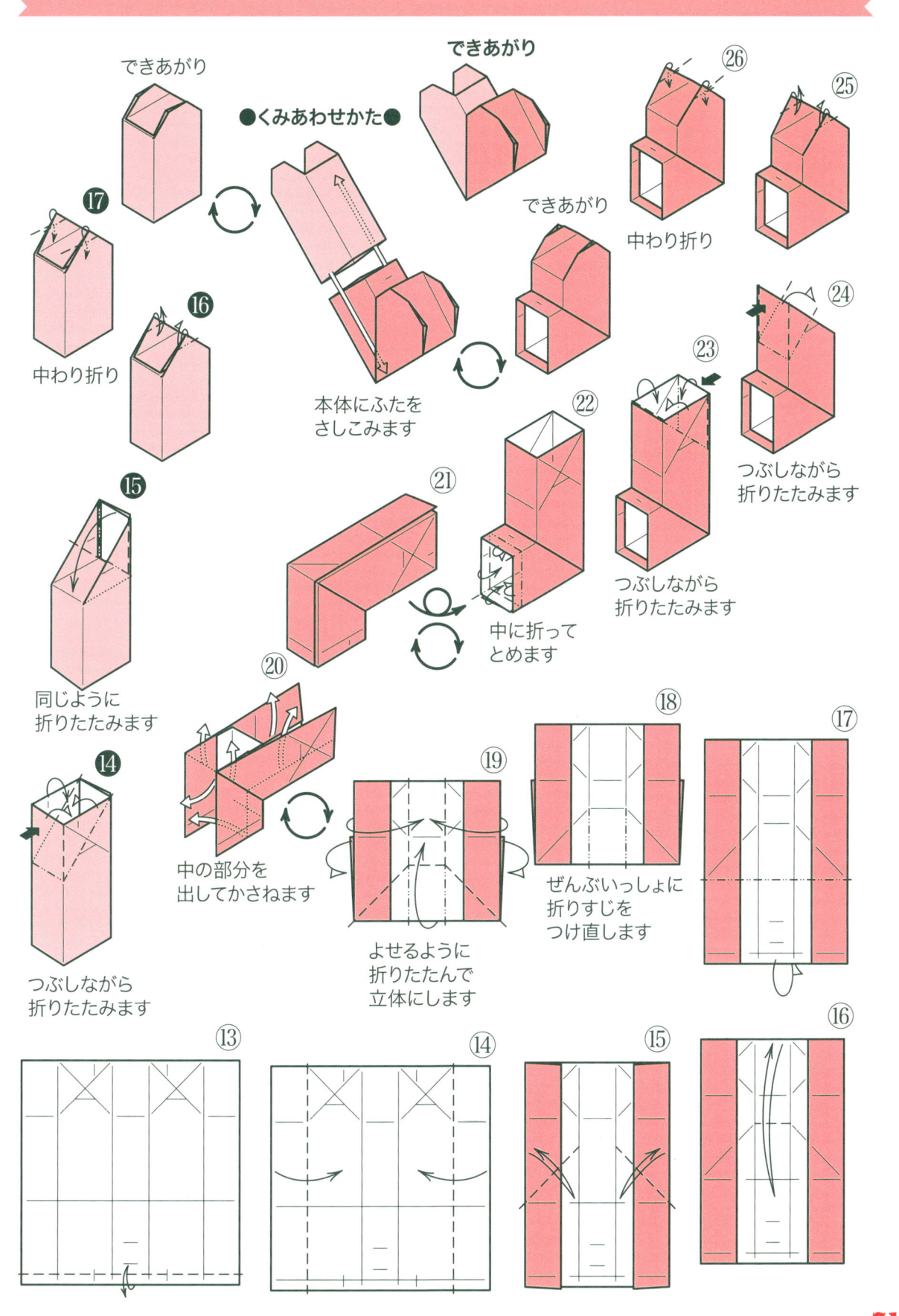

⑯ 中わり折り

⑮ 同じように折りたたみます

⑭ つぶしながら折りたたみます

●くみあわせかた●

本体にふたをさしこみます

できあがり

できあがり

中の部分を出してかさねます

よせるように折りたたんで立体にします

ぜんぶいっしょに折りすじをつけ直します

⑳

㉑ 中に折ってとめます

㉒ つぶしながら折りたたみます

㉓ つぶしながら折りたたみます

㉔

㉕

㉖ 中わり折り

⑬

⑭

⑮

⑯

⑰

⑱

おりがみでクリスマス3 71

~クリスマスかざり~

Christmas stocking with 4 pockets by Ms. Shōko AOYAGI

クリスマスのくつした

青柳祥子

このクリスマスのくつしたは、4つもポケットがあるのでたくさんプレゼントが入ります。いただいた人は、4倍嬉しいですね。ラッピング用紙などで大きなサイズも作って、楽しんでくださいね。　　　　（作者）

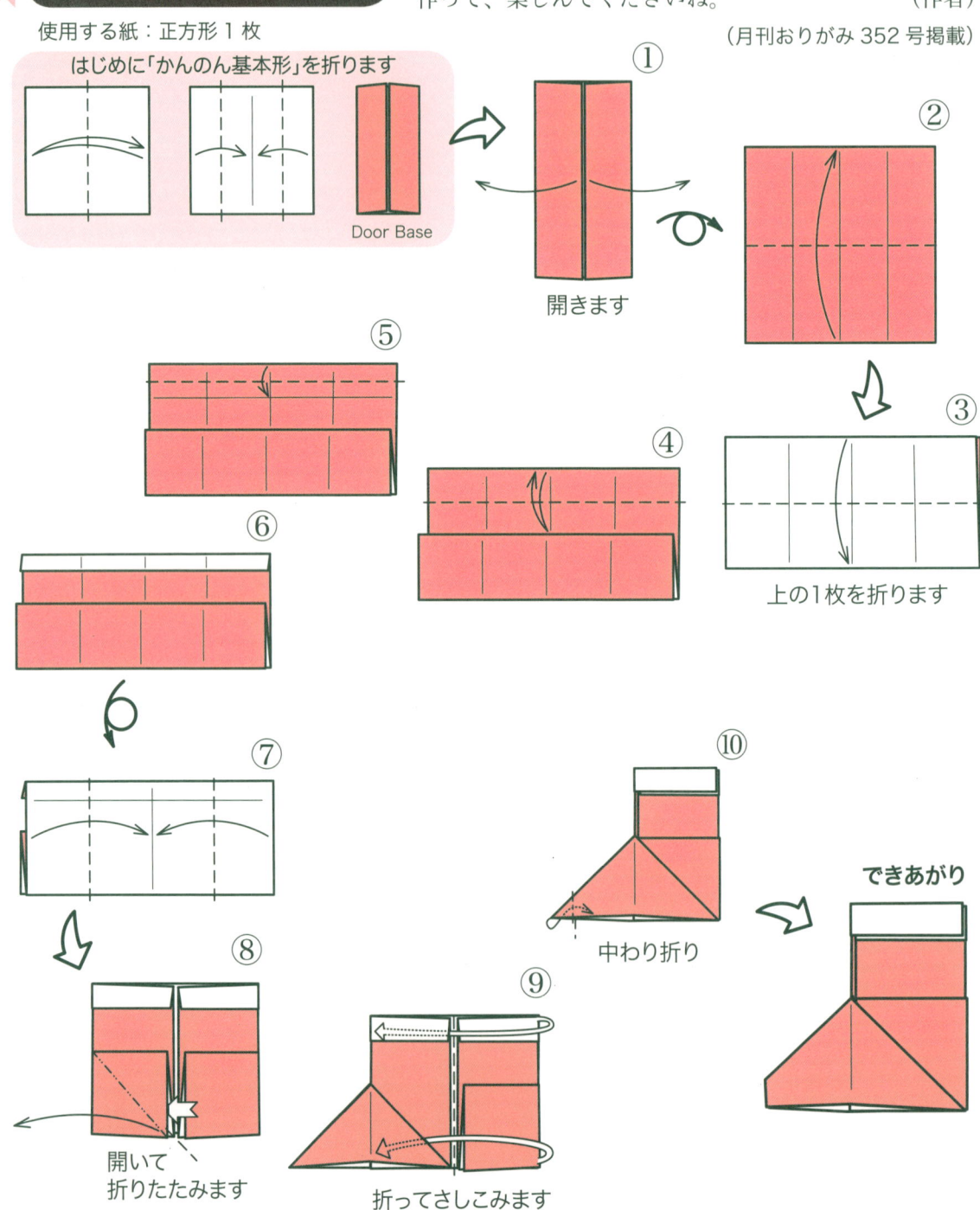

（月刊おりがみ 352 号掲載）

使用する紙：正方形1枚

はじめに「かんのん基本形」を折ります

Door Base

① 開きます

②

③ 上の1枚を折ります

④

⑤

⑥

⑦

⑧ 開いて折りたたみます

⑨ 折ってさしこみます

⑩ 中わり折り

できあがり

72　おりがみでクリスマス3

~サンタさんはおおいそがし！~

Church by Mr. Eric KENNEWAY

教会 エリック・ケネウェー

伝承の「だまし舟」の折り方で、教会ができました。

By kind permission of the British Origami Society
（この作品はイギリス折紙協会から許可をいただいて掲載しています。）

使用する紙：正方形1枚　　　（月刊おりがみ51号掲載）

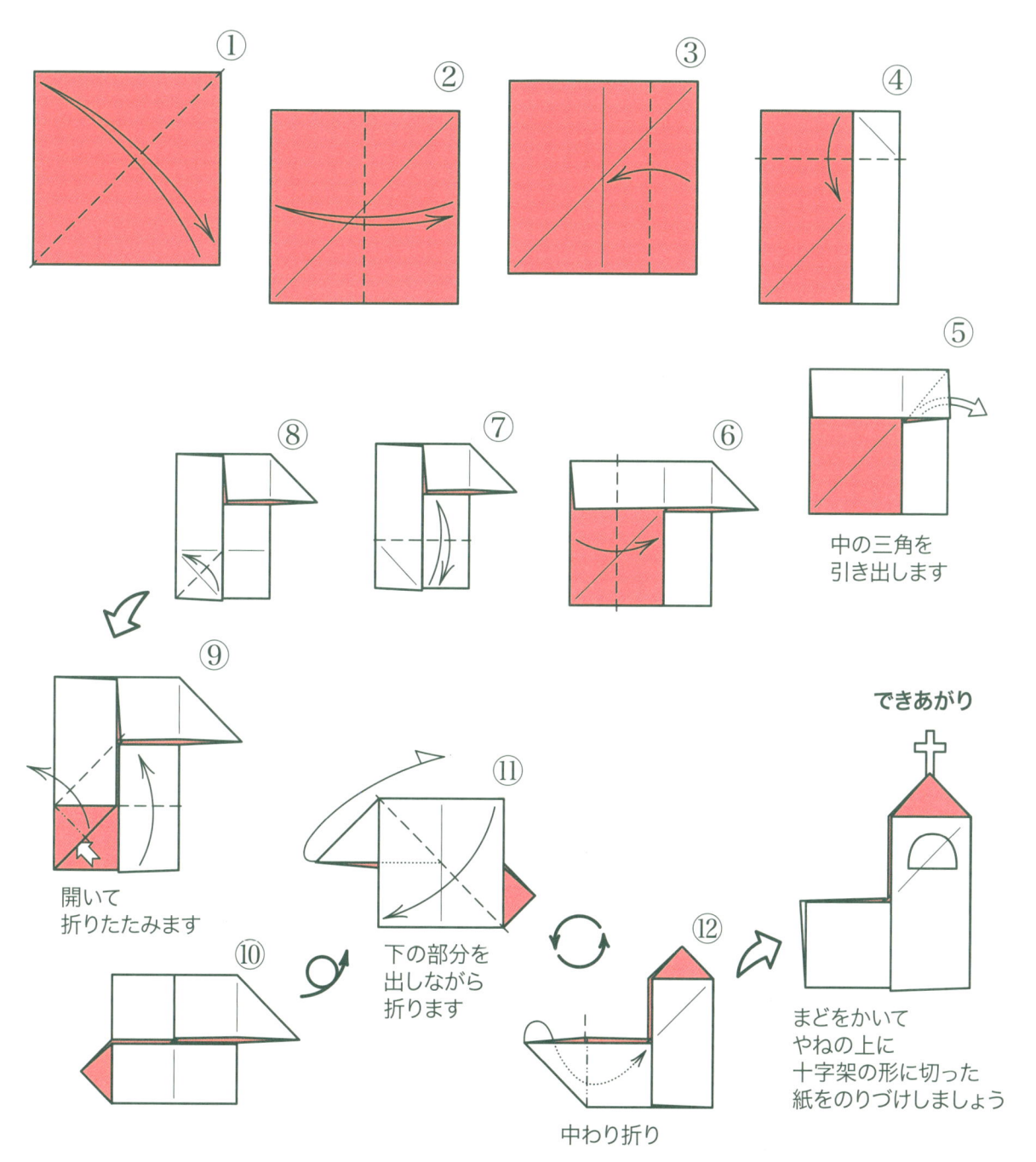

①

②

③

④

⑤
中の三角を
引き出します

⑥

⑦

⑧

⑨
開いて
折りたたみます

⑩

⑪
下の部分を
出しながら
折ります

⑫
中わり折り

できあがり
まどをかいて
やねの上に
十字架の形に切った
紙をのりづけしましょう

おりがみでクリスマス3　73

~サンタさんはおおいそがし！~

Flowery box by Ms. Ayako KAWATE

花のお楽しみBOX

川手章子

上から見ると花をかぶせたようなBOXとなりました。折り図に従って1つずつていねいに折ってみてくださいね。フタを白色で折ったらこんもり雪が積もった小人さんのお家のようです。何だか楽しくなってきました。（作者）

（月刊おりがみ376号掲載）

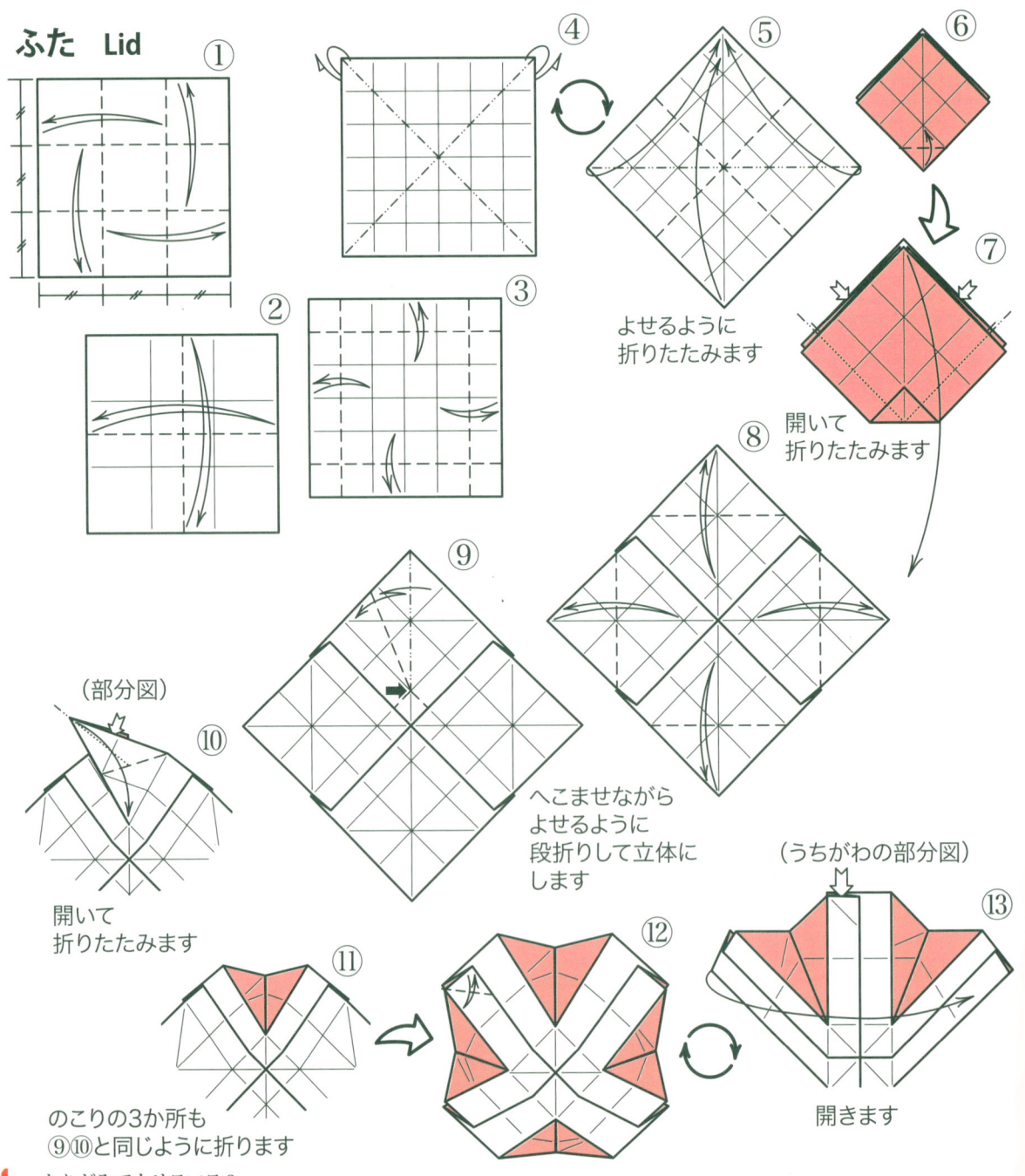

使用する紙：同じ大きさの正方形2枚

ふた Lid

① ② ③ ④ ⑤ ⑥ ⑦

よせるように折りたたみます

開いて折りたたみます

⑧ ⑨ ⑩

（部分図）

開いて折りたたみます

へこませながらよせるように段折りして立体にします

⑪ ⑫ ⑬

（うちがわの部分図）

のこりの3か所も⑨⑩と同じように折ります

開きます

74　おりがみでクリスマス3

箱 Box

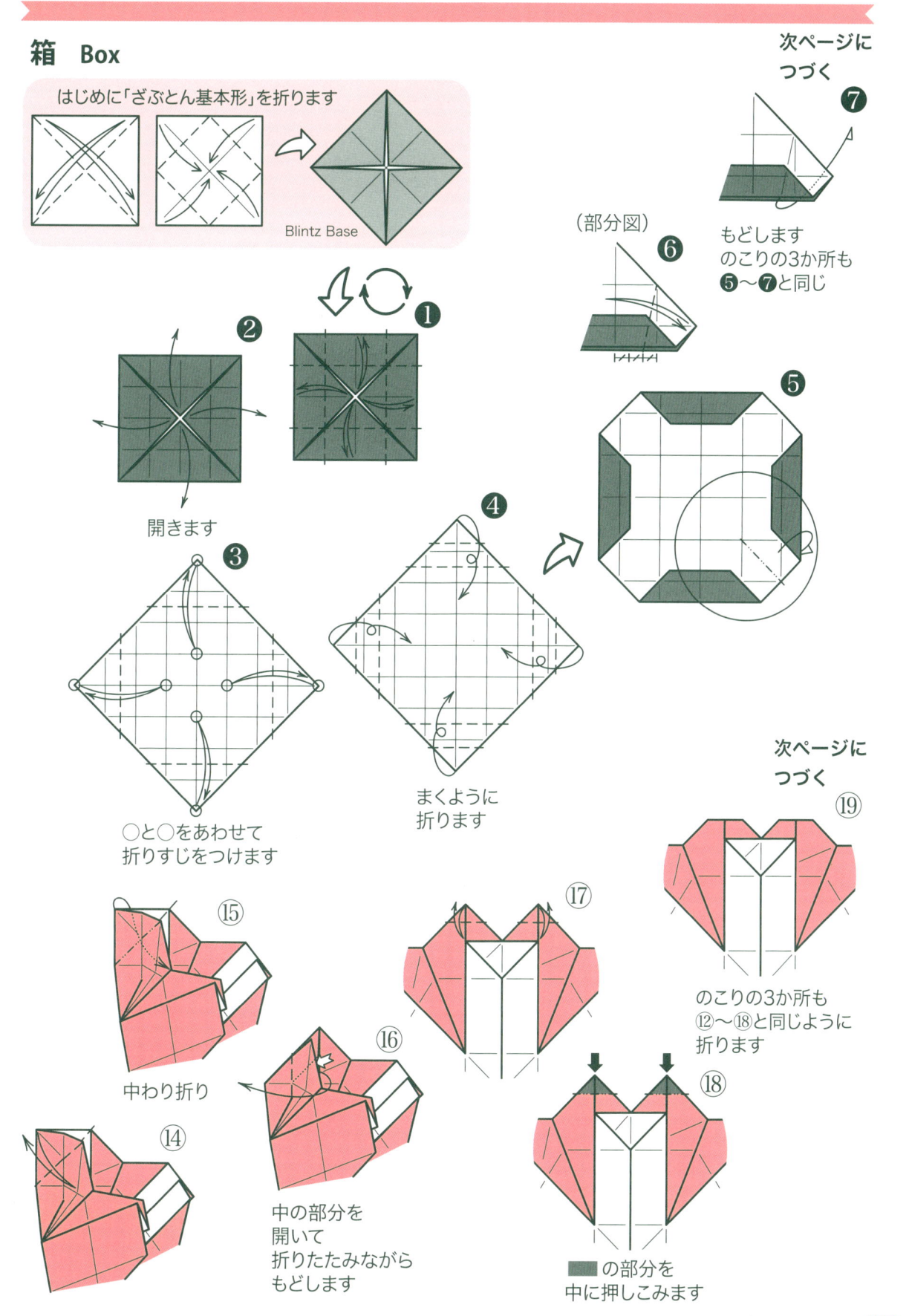

はじめに「ざぶとん基本形」を折ります

Blintz Base

❶

❷ 開きます

❸ ○と○をあわせて折りすじをつけます

❹ まくように折ります

❺

❻ (部分図)

❼ もどします のこりの3か所も❺〜❼と同じ

次ページにつづく

⑭

⑮ 中わり折り

⑯ 中の部分を開いて折りたたみながらもどします

⑰

⑱ ■の部分を中に押しこみます

⑲ のこりの3か所も⑫〜⑱と同じように折ります

次ページにつづく

おりがみでクリスマス3 **75**

前ページから
つづく

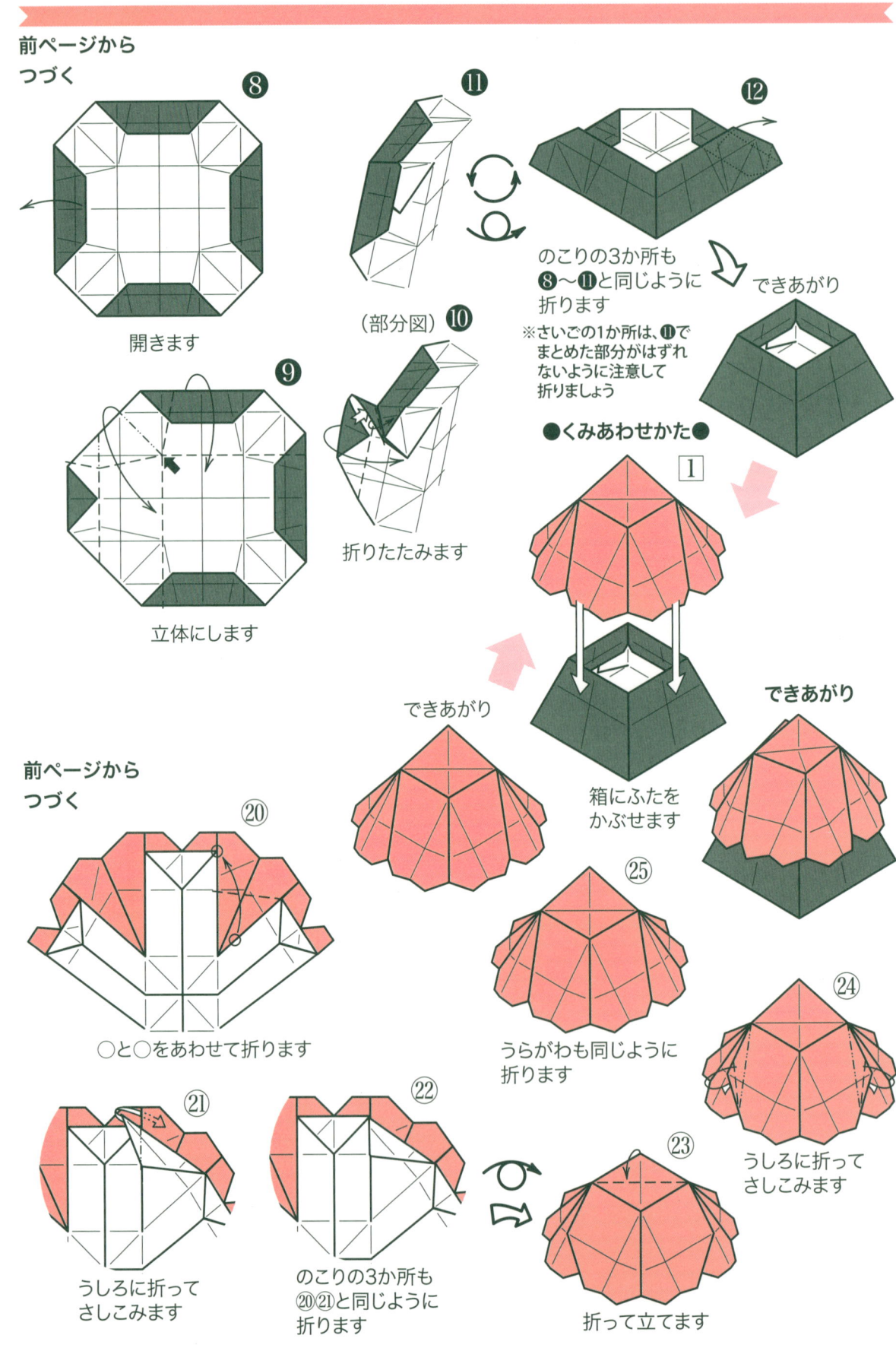

❽ 開きます

❾ 立体にします

❿ （部分図） 折りたたみます

⓫

のこりの3か所も
❽〜⓫と同じように
折ります
※さいごの1か所は、⓫で
まとめた部分がはずれ
ないように注意して
折りましょう

⓬ できあがり

●くみあわせかた●

1 箱にふたを
かぶせます

できあがり

できあがり

前ページから
つづく

⓴ ○と○をあわせて折ります

㉑ うしろに折って
さしこみます

㉒ のこりの3か所も
⓴㉑と同じように
折ります

㉓ 折って立てます

㉔ うしろに折って
さしこみます

㉕ うらがわも同じように
折ります

76 おりがみでクリスマス3

~サンタさんはおおいそがし！~

Shooting star by Mr. Yukihiko MATSUNO

ながれ星　松野幸彦

「星のついた短冊」のバリエーションです。星の部分は大橋晧也さんの作品と同じ構造ですが、表裏とも形がしっかりまとまります。

使用する紙：正方形 1 枚　　（月刊おりがみ 388 号掲載）

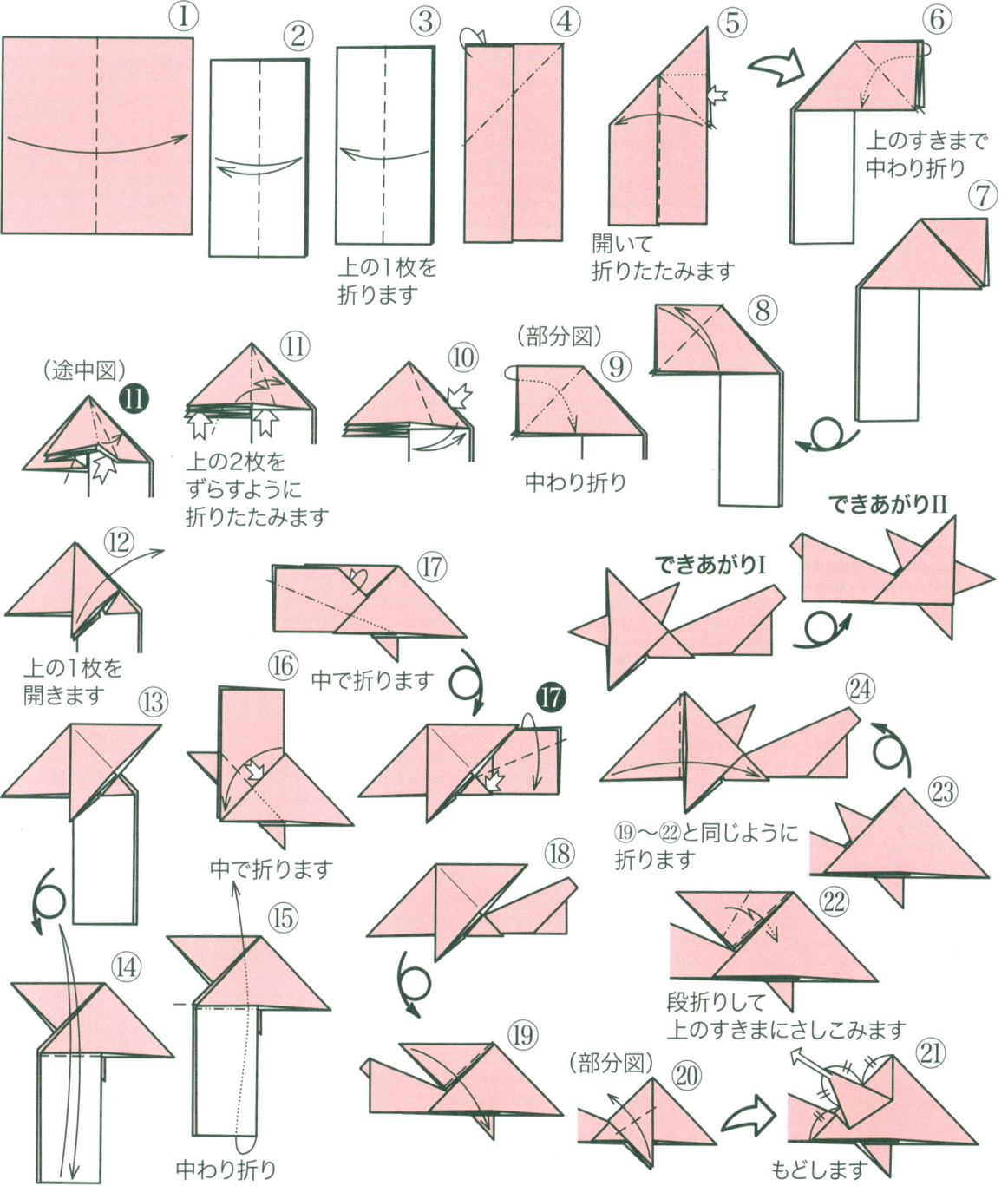

① ② ③ 上の1枚を折ります ④ ⑤ 開いて折りたたみます ⑥ 上のすきまで中わり折り ⑦

⑧ ⑨ 中わり折り ⑩ ⑪ 上の2枚をずらすように折りたたみます （部分図）

（途中図）⑪

⑫ 上の1枚を開きます ⑬ ⑭ ⑮ 中わり折り 中で折ります ⑯ 中で折ります ⑰ ⑰

⑱ ⑲ (部分図) ⑳ もどします ㉑ ㉒ 段折りして上のすきまにさしこみます ㉓ ㉔ ⑲~㉒と同じように折ります

できあがりⅠ

できあがりⅡ

おりがみでクリスマス3　77

~サンタさんはおおいそがし！~

Star by Mr. Kōya ŌHASHI

星　大橋晧也

④の形が⑤になるところがとても楽しい作品です。

使用する紙：正方形1枚　（月刊おりがみ3号、382号掲載）

はじめに「風船基本形」を折ります

Waterbomb Base

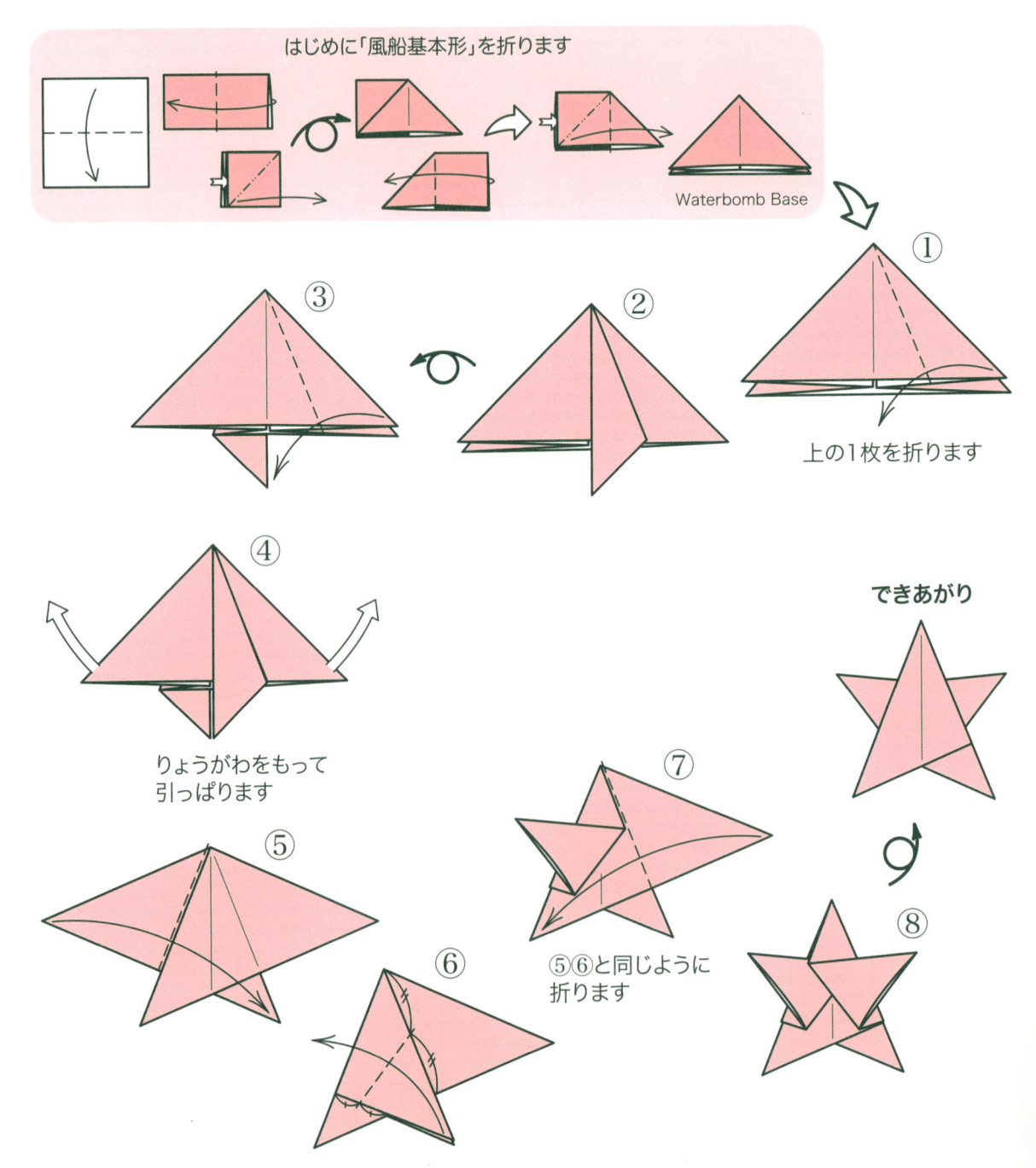

① 上の1枚を折ります

②

③

④ りょうがわをもって引っぱります

⑤

⑥

⑦ ⑤⑥と同じように折ります

⑧

できあがり

78　おりがみでクリスマス3

~サンタさんはおおいそがし！~

Star arranged by Mr. Yukihiko MATSUNO

ほし　松野幸彦

（原作「星」大橋晧也）

大橋晧也さんの「星」を「ざぶとん基本形」を折ってから始めると両面使える星ができました。　　（作者）

使用する紙：正方形1枚　　（月刊おりがみ388号掲載）

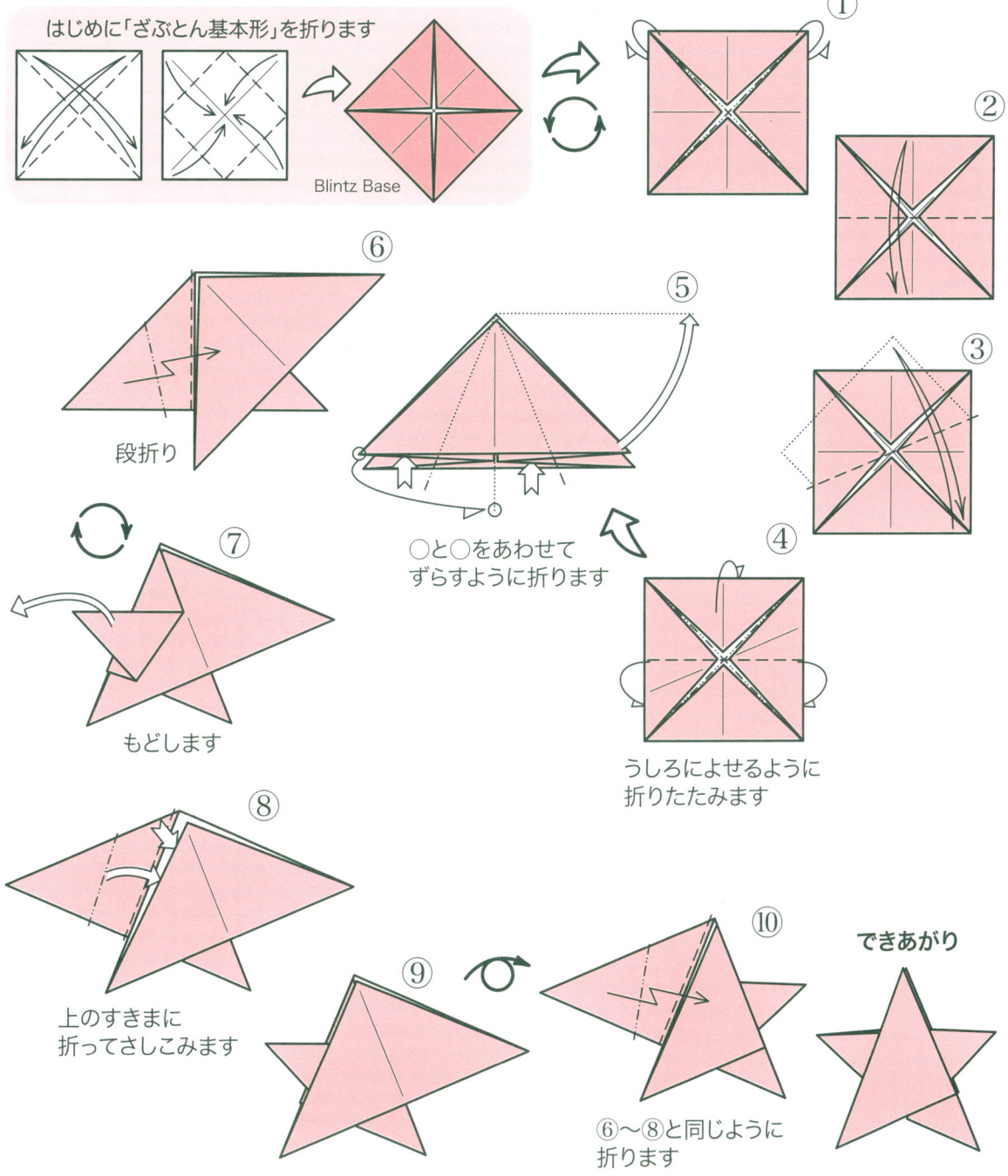

はじめに「ざぶとん基本形」を折ります

Blintz Base

① ② ③ ④ うしろによせるように折りたたみます

⑤ ○と○をあわせてずらすように折ります

⑥ 段折り

⑦ もどします

⑧ 上のすきまに折ってさしこみます

⑨ ⑩ ⑥~⑧と同じように折ります

できあがり

おりがみでクリスマス3　**79**

~サンタさんはおおいそがし！~

Snow-covered conifer by Mr. Katsushi NŌSHO

雪が積もった針葉樹
納所克志

紙の色によって裏側の白さが異なります。幹は茶系色と決めないで、情景全体のカラーハーモニーを考えて選んで下さい。ブルー系の裏が案外雪景色に合うクールな白さを持っています。　　　　　　　　　　（作者）

使用する紙：正方形1枚　　（月刊おりがみ340号掲載）

① ② ③

④ 中の三角を出します

⑤ ⑥ 上の1枚を折ります ⑦

⑧ もどします

⑨ もどします

⑩ へこませながら段折り

⑪ 折りたたみます

80　おりがみでクリスマス3

⑮ ⑯ ⑰ ⑱

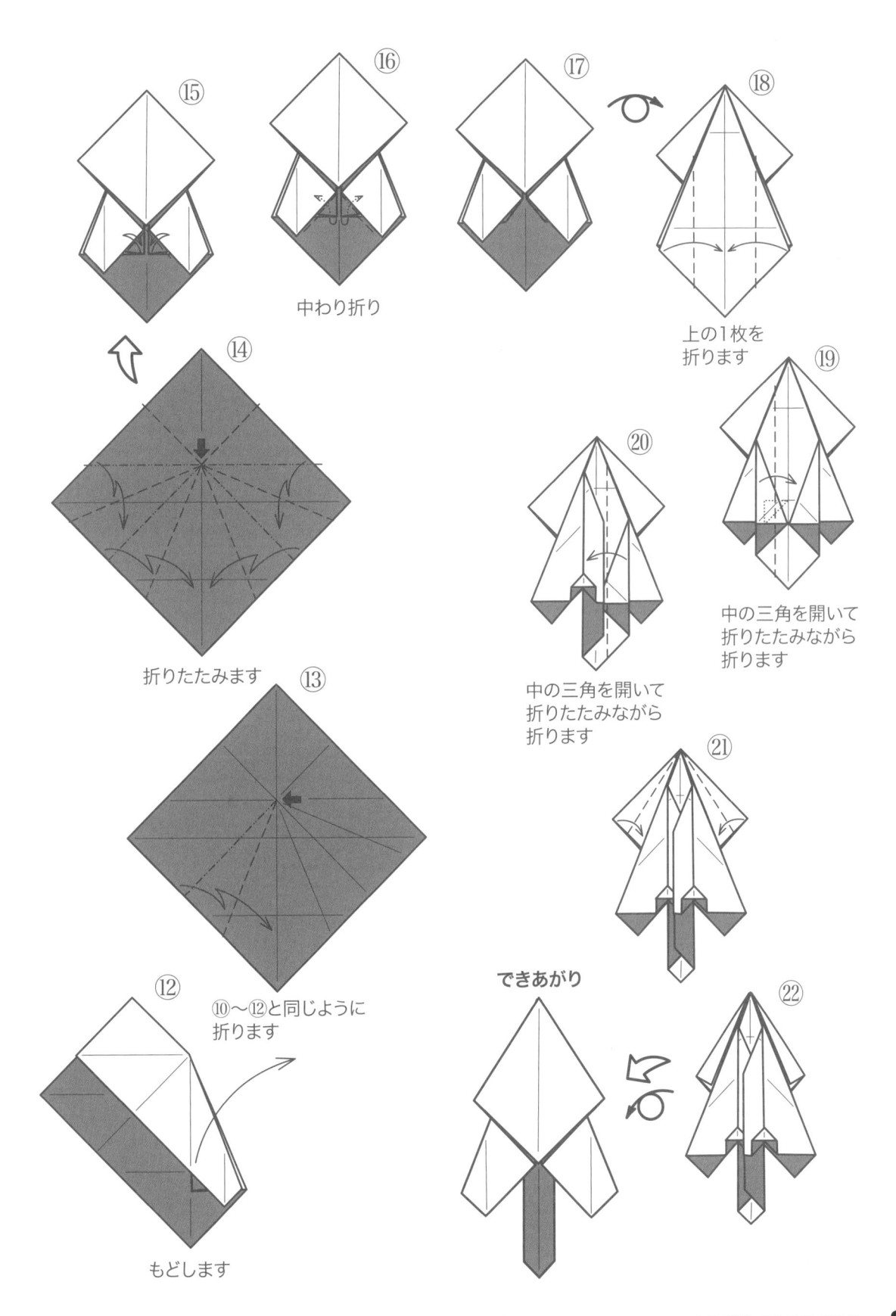

中わり折り

上の1枚を
折ります

⑭

⑲

折りたたみます

⑳

中の三角を開いて
折りたたみながら
折ります

⑬

中の三角を開いて
折りたたみながら
折ります

㉑

⑫

⑩〜⑫と同じように
折ります

できあがり

㉒

もどします

おりがみでクリスマス3　**81**

~サンタさんはおおいそがし！~

Sledge by Mr. Luigi LEONARDI

そり　ルイジ・レオナルディ

作者のルイジ・レオナルディさんはイタリアの折り紙作家です。小物入れとしても使える楽しい作品です。

（月刊おりがみ160号掲載）

使用する紙：正方形 1 枚

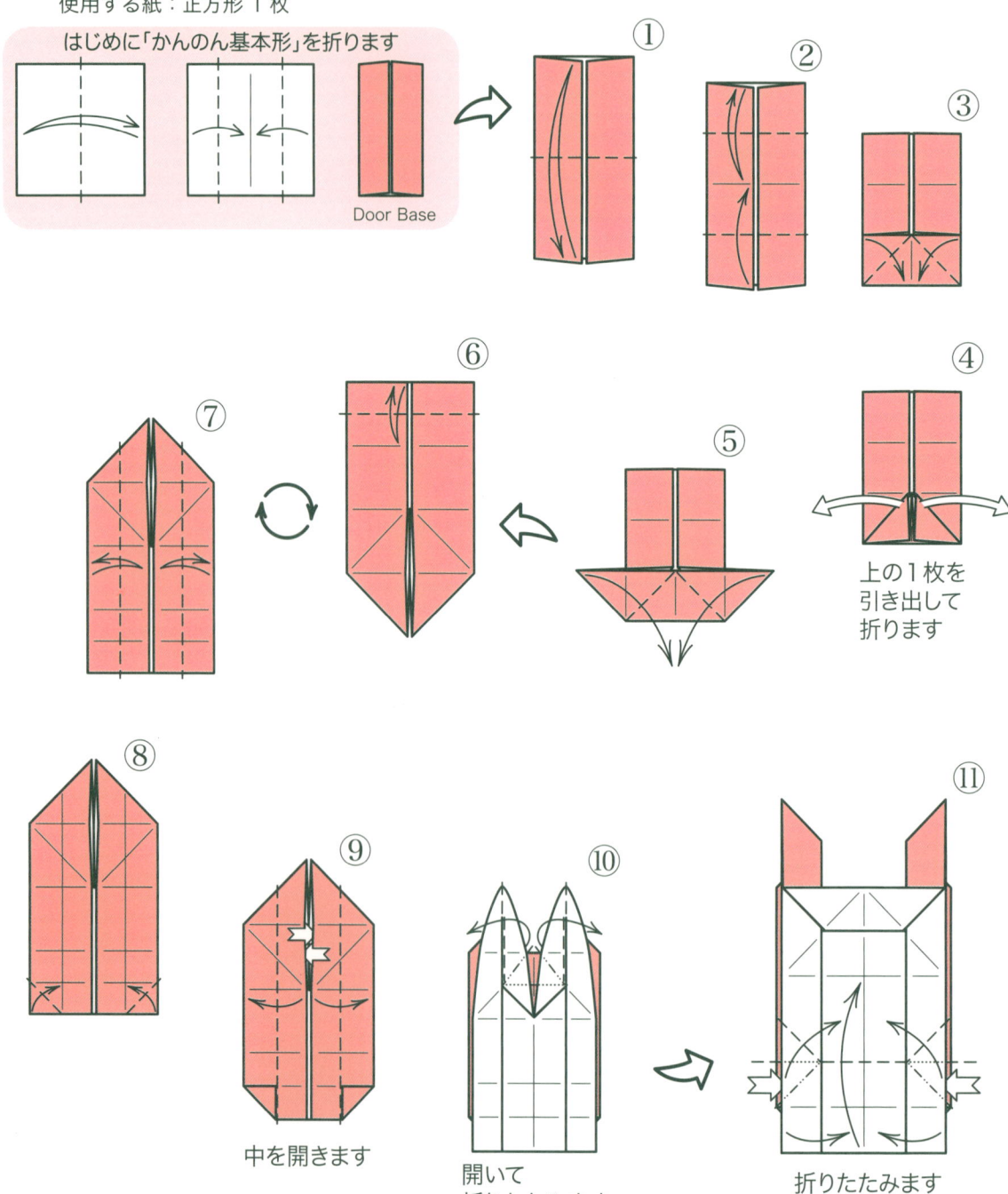

はじめに「かんのん基本形」を折ります

Door Base

④ 上の1枚を引き出して折ります

⑨ 中を開きます

⑩ 開いて折りたたみます

⑪ 折りたたみます

82　おりがみでクリスマス3

⑳

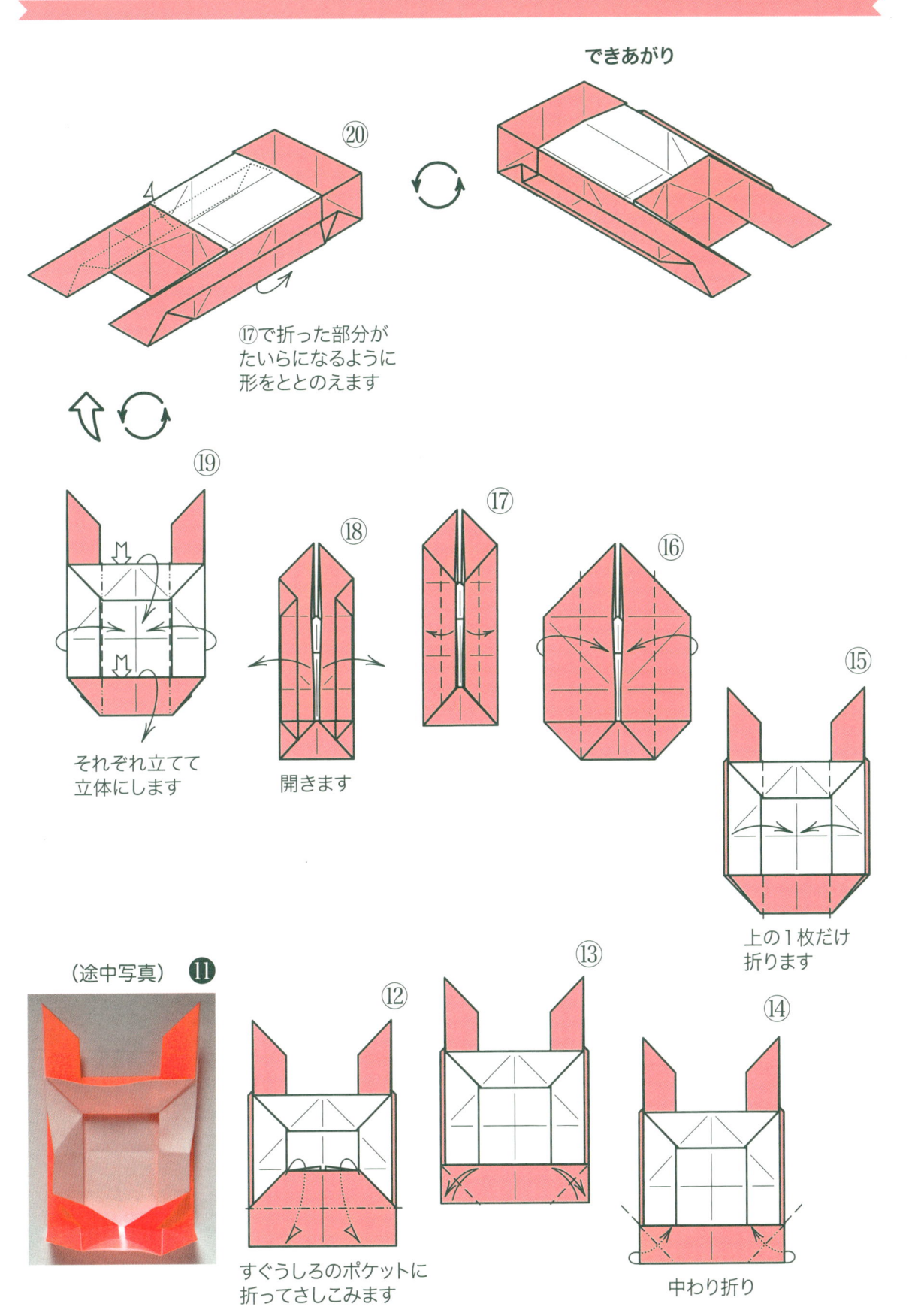

できあがり

⑰で折った部分が
たいらになるように
形をととのえます

⑲
それぞれ立てて
立体にします

⑱
開きます

⑰

⑯

⑮
上の1枚だけ
折ります

(途中写真) ⑪

⑫
すぐうしろのポケットに
折ってさしこみます

⑬

⑭
中わり折り

おりがみでクリスマス3　**83**

~サンタさんはおおいそがし！～

Reindeer by Mr. Yukihiko MATSUNO

トナカイ 松野幸彦

㉔から少し難しいですが、かわいらしい姿のトナカイを折ってください。

（月刊おりがみ 352 号掲載）

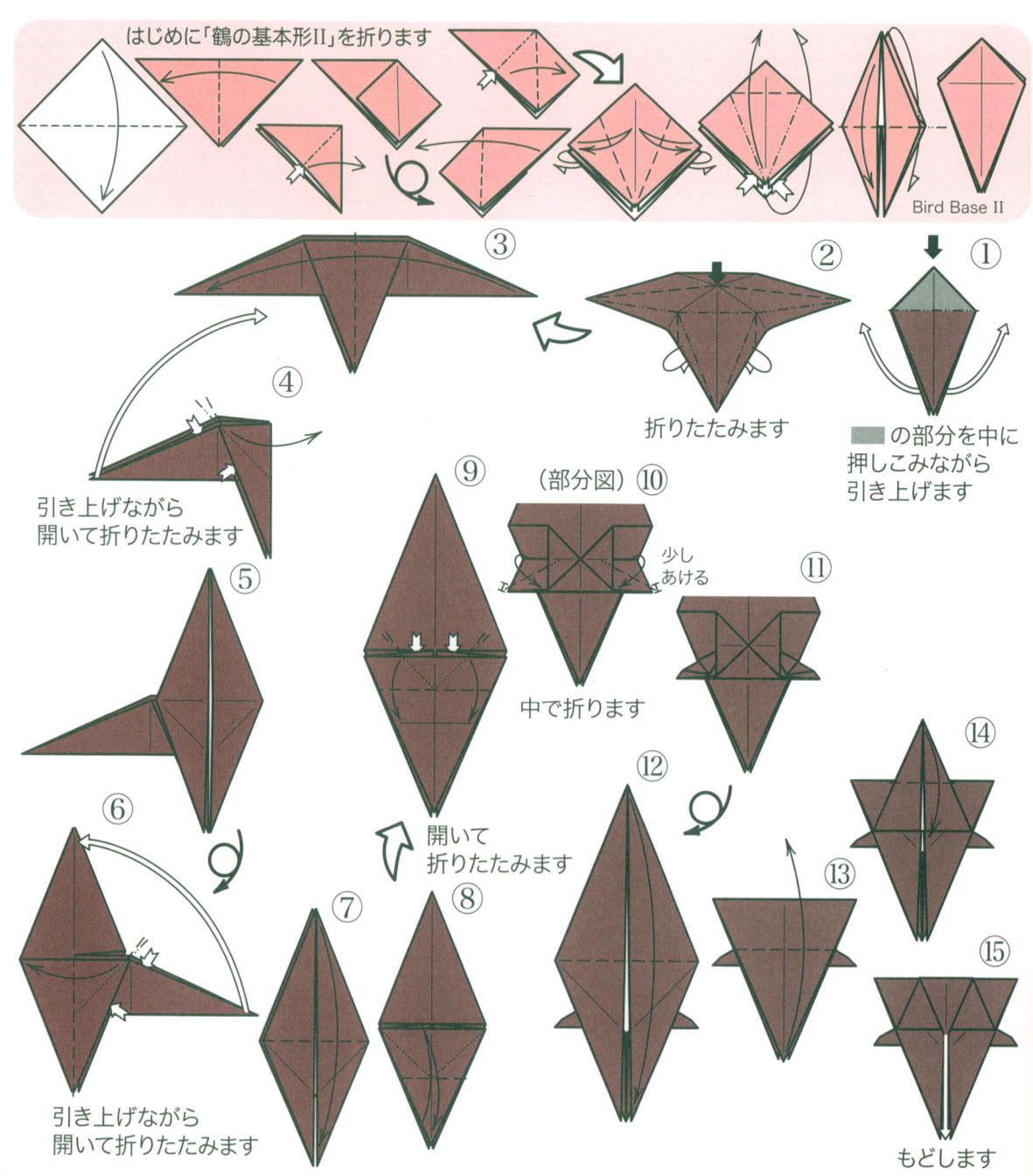

使用する紙：正方形 1 枚

はじめに「鶴の基本形Ⅱ」を折ります

Bird Base II

① ■の部分を中に押しこみながら引き上げます

② 折りたたみます

③

④ 引き上げながら開いて折りたたみます

⑤

⑥ 引き上げながら開いて折りたたみます

⑦

⑧ 開いて折りたたみます

⑨

⑩（部分図） 少しあける 中で折ります

⑪

⑫

⑬

⑭

⑮ もどします

84　おりがみでクリスマス3

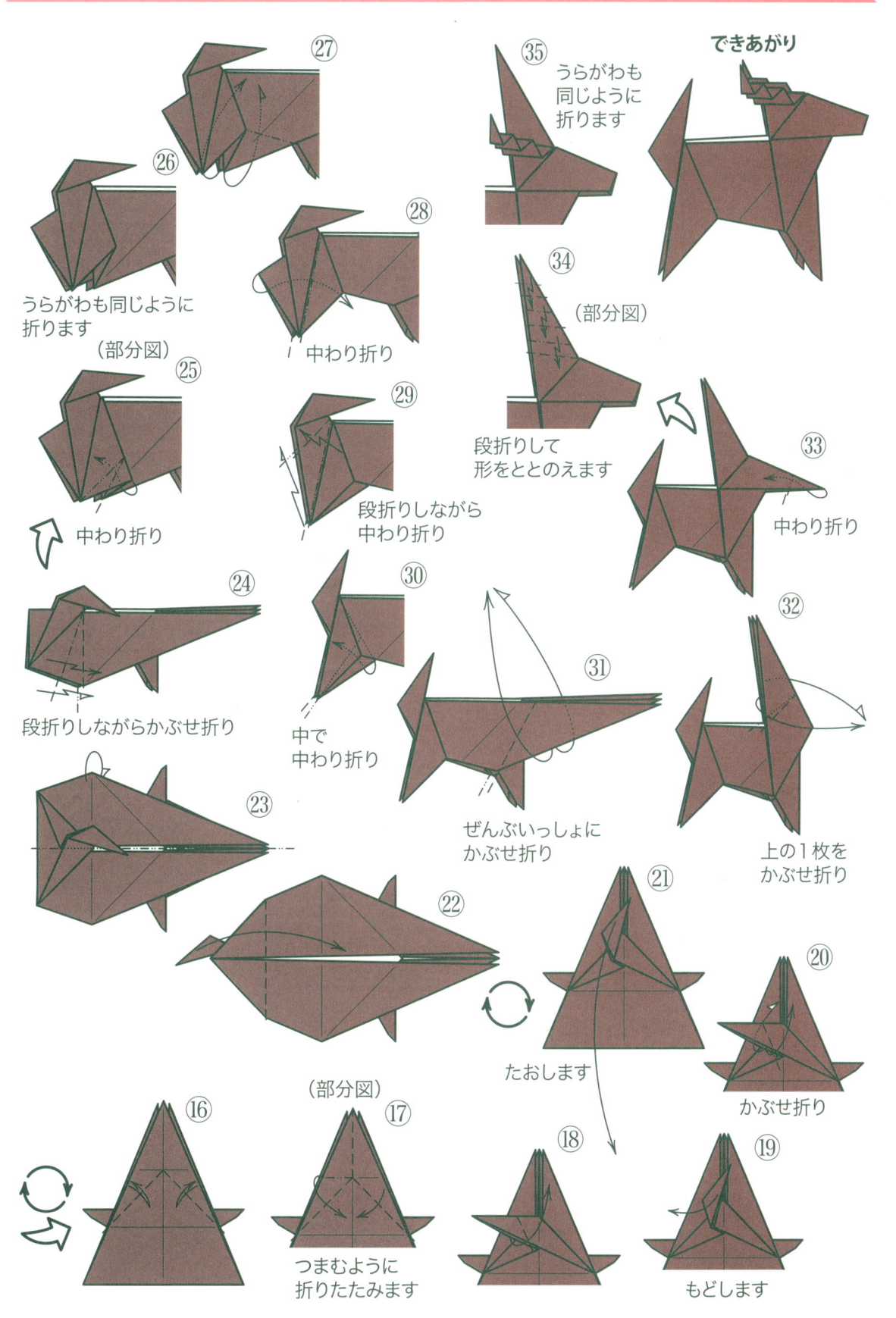

㉗

㉖ うらがわも同じように折ります（部分図）

㉕ 中わり折り

㉔ 段折りしながらかぶせ折り

㉓

㉒

㉘ 中わり折り

㉙ 段折りしながら中わり折り

㉚ 中で中わり折り

㉛ ぜんぶいっしょにかぶせ折り

㉑ たおします

⑳ かぶせ折り

㉟ うらがわも同じように折ります

できあがり

㉞ （部分図）

段折りして形をととのえます

㉝ 中わり折り

㉜ 上の1枚をかぶせ折り

⑯

⑰ （部分図） つまむように折りたたみます

⑱

⑲ もどします

おりがみでクリスマス3 **85**

~サンタさんはおおいそがし！~

Running reindeer arranged by Ms. Ryūko NASHIMOTO

走れ！トナカイ　梨本竜子

（原作「ワンちゃん」篠原　勇）

月刊おりがみ319号掲載の「ワンちゃん」の底にビー玉を入れると動くことに気がつき、トナカイにアレンジしてみました。背中に小さなプレゼントを入れてサンタとソリをうしろにつけて走らせることもできます。（作者）

使用する紙：同じ大きさの正方形2枚

（月刊おりがみ328号掲載）

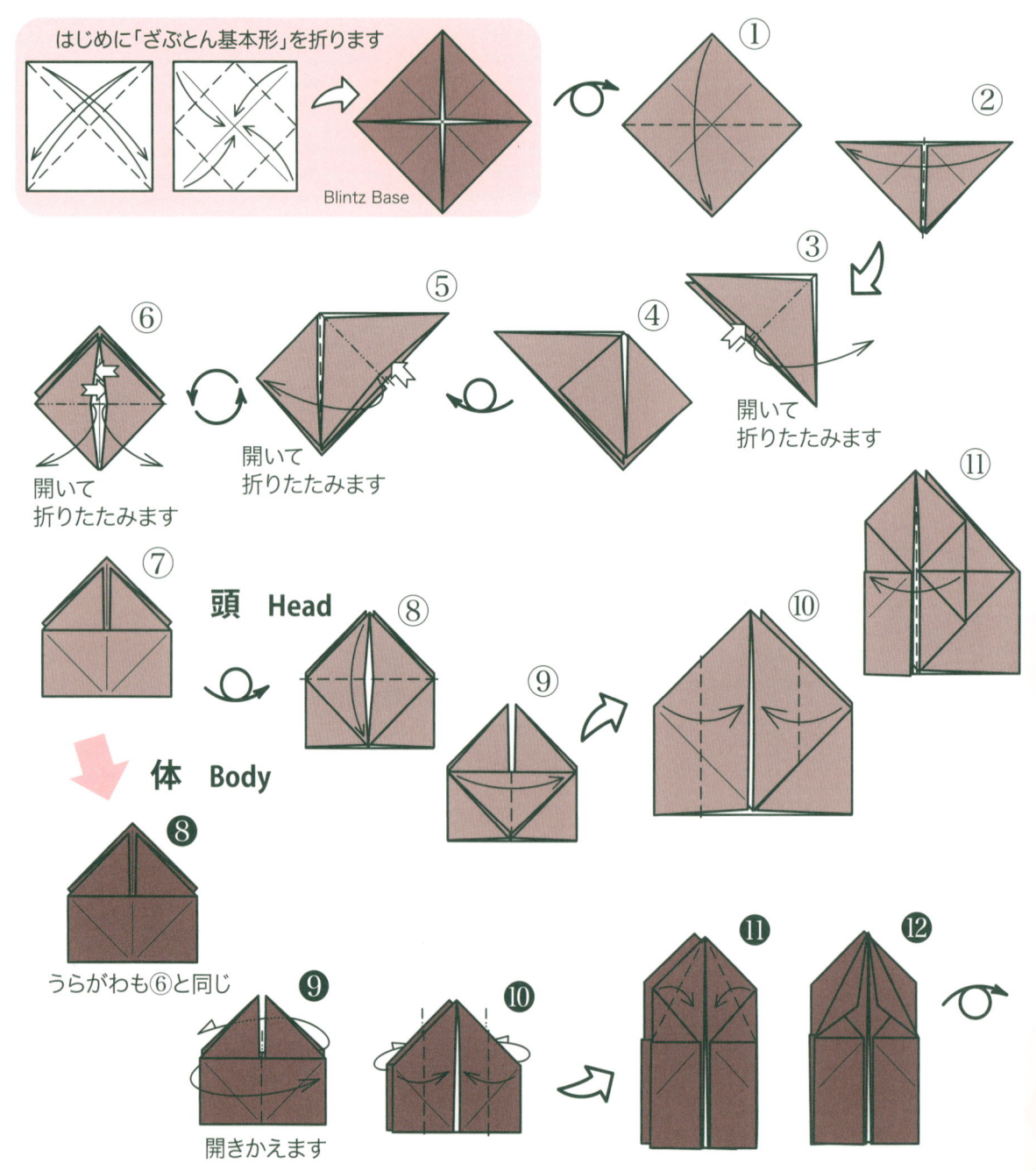

はじめに「ざぶとん基本形」を折ります

Blintz Base

① ② ③ ④ ⑤ ⑥
開いて折りたたみます
開いて折りたたみます
開いて折りたたみます

⑦ 頭 Head
⑧ ⑨ ⑩ ⑪

体 Body
❽ うらがわも⑥と同じ
❾ 開きかえます
❿ ⓫ ⓬

86　おりがみでクリスマス3

⑭

⑬

⑮

段折りしながら
中わり折り

⑫

できあがり

⑨〜⑪と同じように
折ります

●あそびかた●

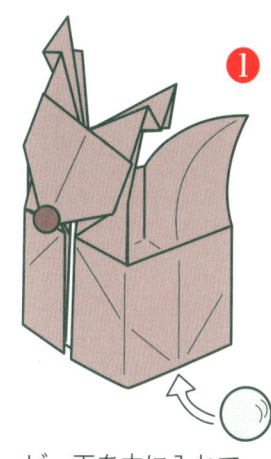

❶

ビー玉を中に入れて
ころがしましょう

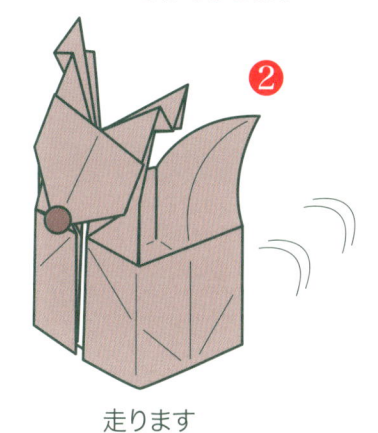

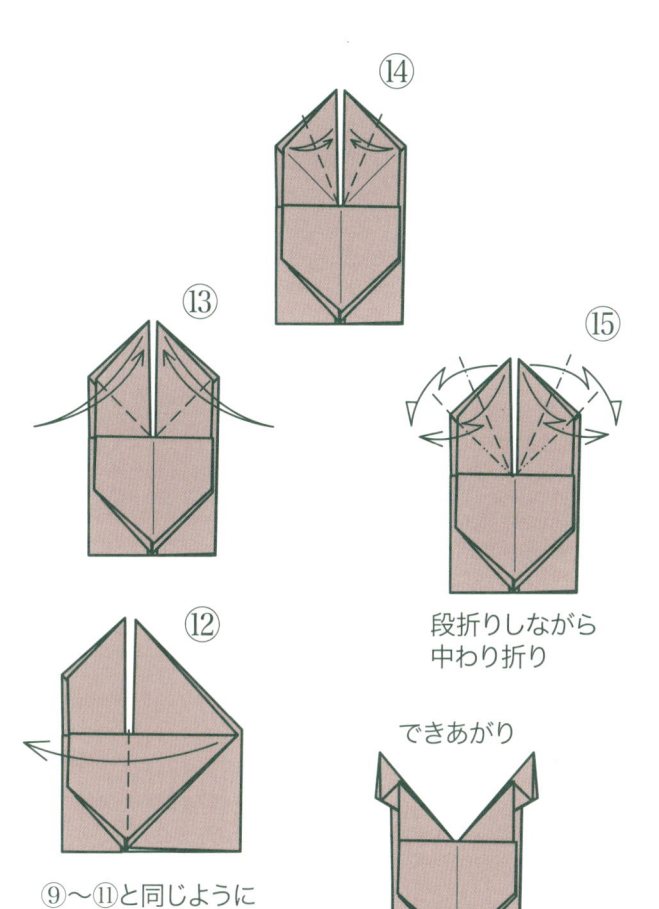

❷

走ります

●くみあわせかた●

⑬

開いて
はこの形に
ととのえます

1

頭に体をさしこみます

2

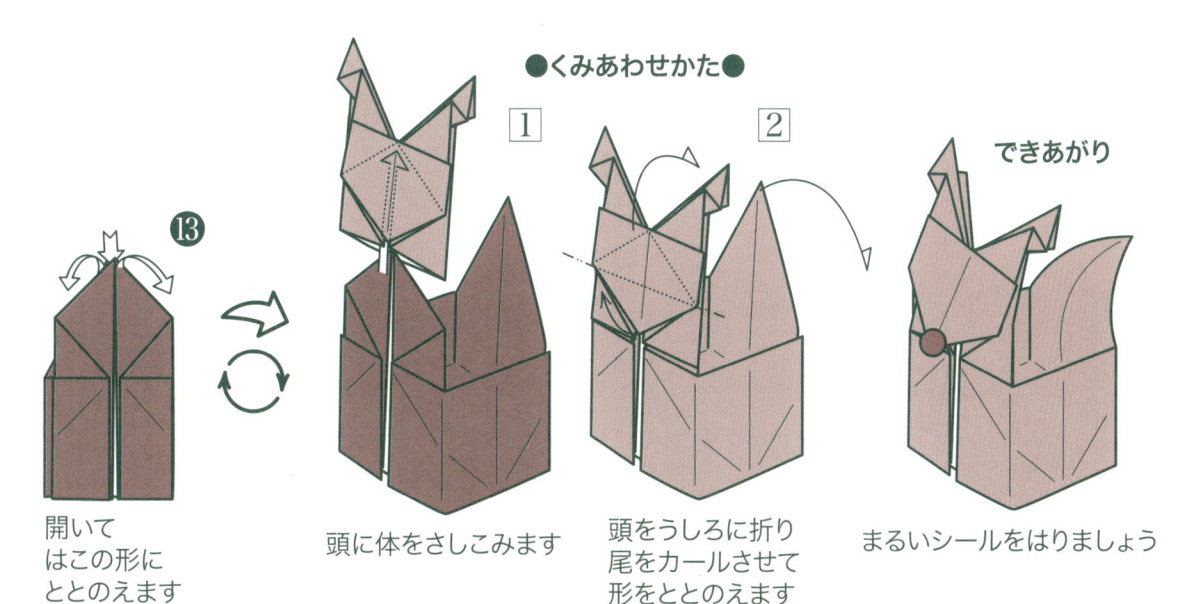

頭をうしろに折り
尾をカールさせて
形をととのえます

できあがり

まるいシールをはりましょう

おりがみでクリスマス3　**87**

~サンタさんはおおいそがし！~

Santa has come by Ms. Sanae SAKAI

サンタがやってきた

酒井早苗

大きい紙で折る時は、足の先をそれらしく折ってください。聖なる気持ちになった後は、サンタクロースをワクワクしながら待ちましょう。大きな袋の中には本当の幸せがつまっている…。　（作者）

（月刊おりがみ280号掲載）

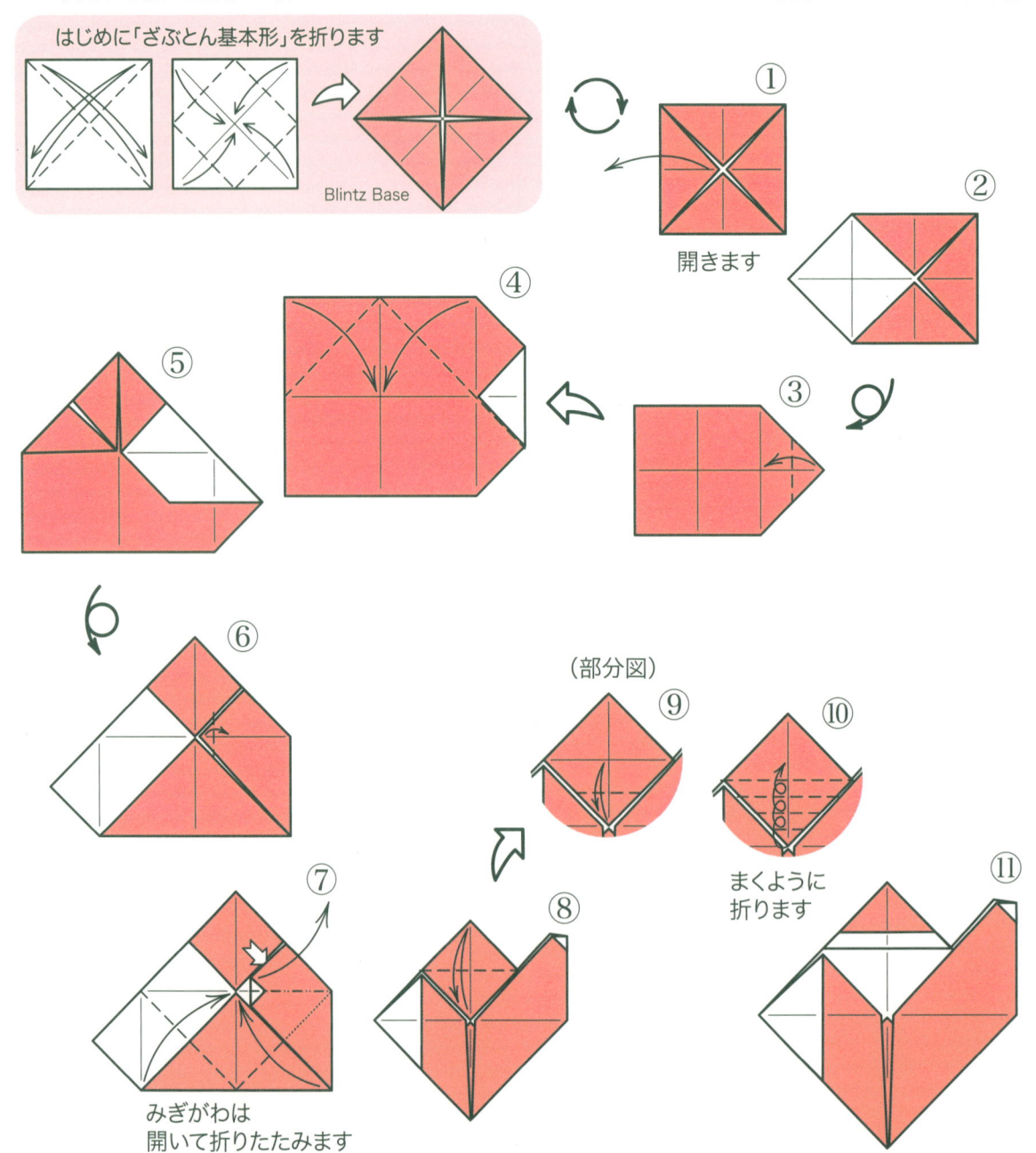

使用する紙：正方形1枚

はじめに「ざぶとん基本形」を折ります

Blintz Base

① 開きます
②
③
④
⑤
⑥
⑦ みぎがわは開いて折りたたみます
⑧
⑨（部分図）
⑩ まくように折ります
⑪

88　おりがみでクリスマス3

バリエーション　Variation

ざぶとん基本形より

①で開かずに折りすすめて
④〜⑪と同じように折ります
（⑥⑦はりょうがわとも
同じように折ります）

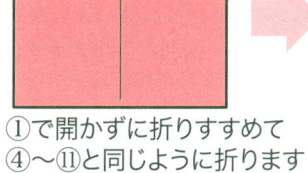

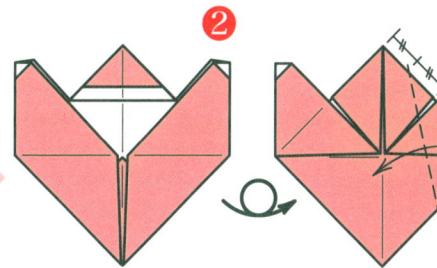

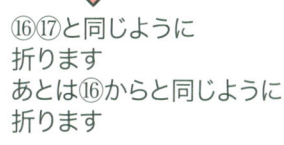

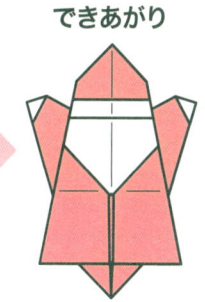

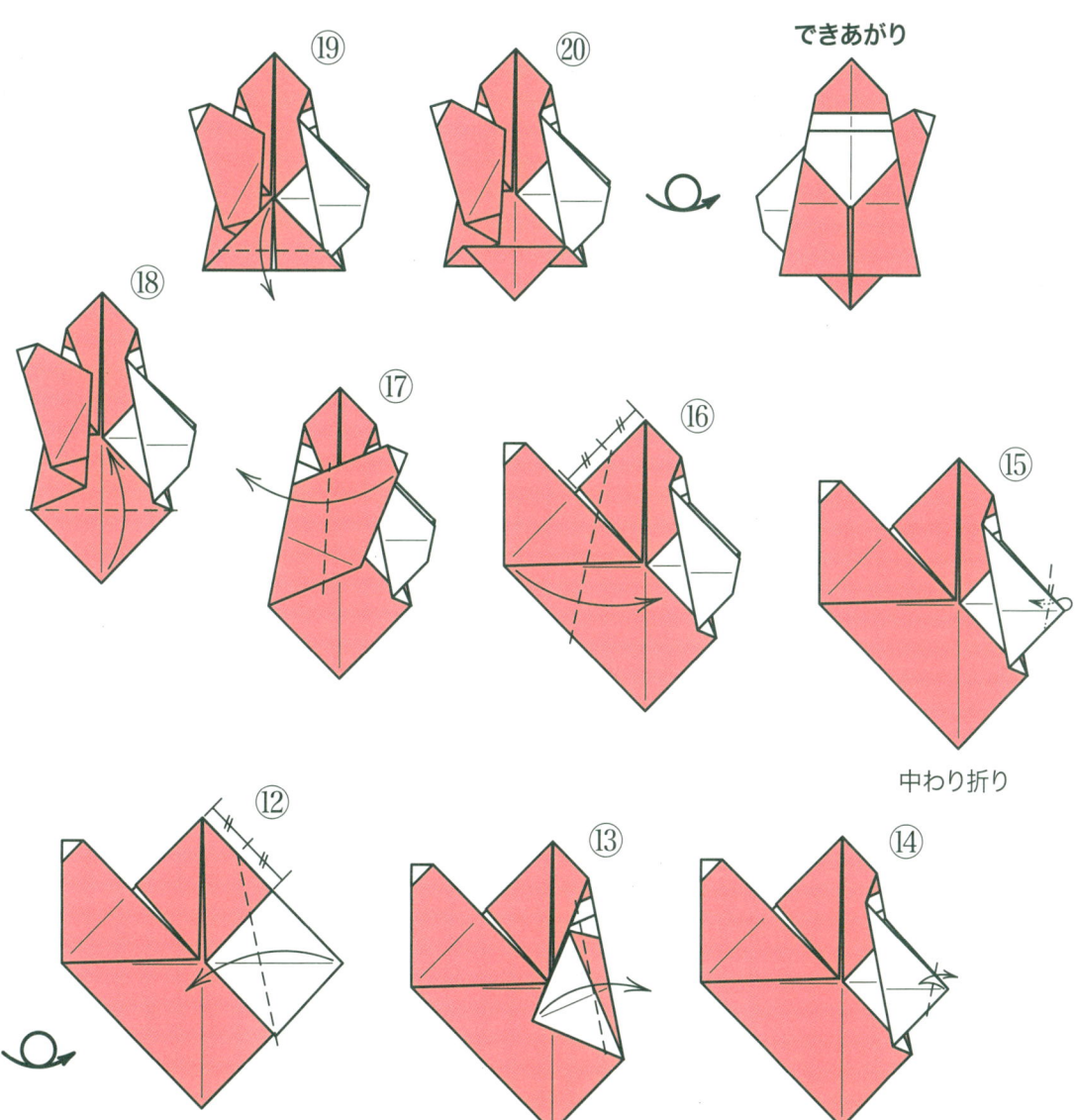

⑯⑰と同じように
折ります
あとは⑯からと同じように
折ります

できあがり

中わり折り

おりがみでクリスマス3　**89**

~サンタさんはおおいそがし！～

Santa by Mr. Yukihiko MATSUNO

サンタ 松野幸彦

1枚の紙からプレゼントをかかえたサンタクロースが折り出されています左右対称の形のものも折って楽しんでください。

使用する紙：正方形1枚　　（月刊おりがみ316号掲載）

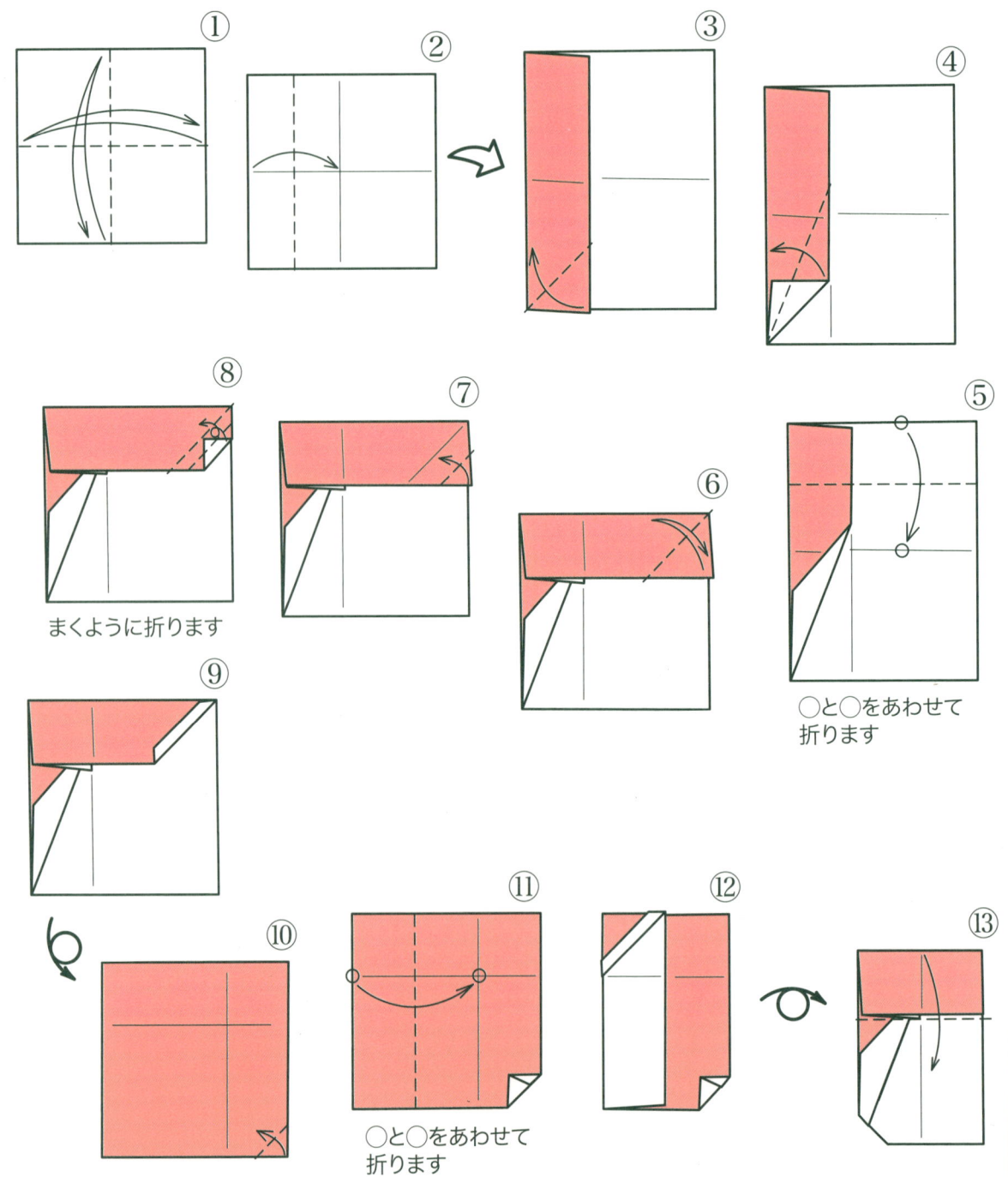

①

②

③

④

⑤ ○と○をあわせて折ります

⑥

⑦

⑧ まくように折ります

⑨

⑩

⑪ ○と○をあわせて折ります

⑫

⑬

90　おりがみでクリスマス3

⑲ （うらから見たところ）

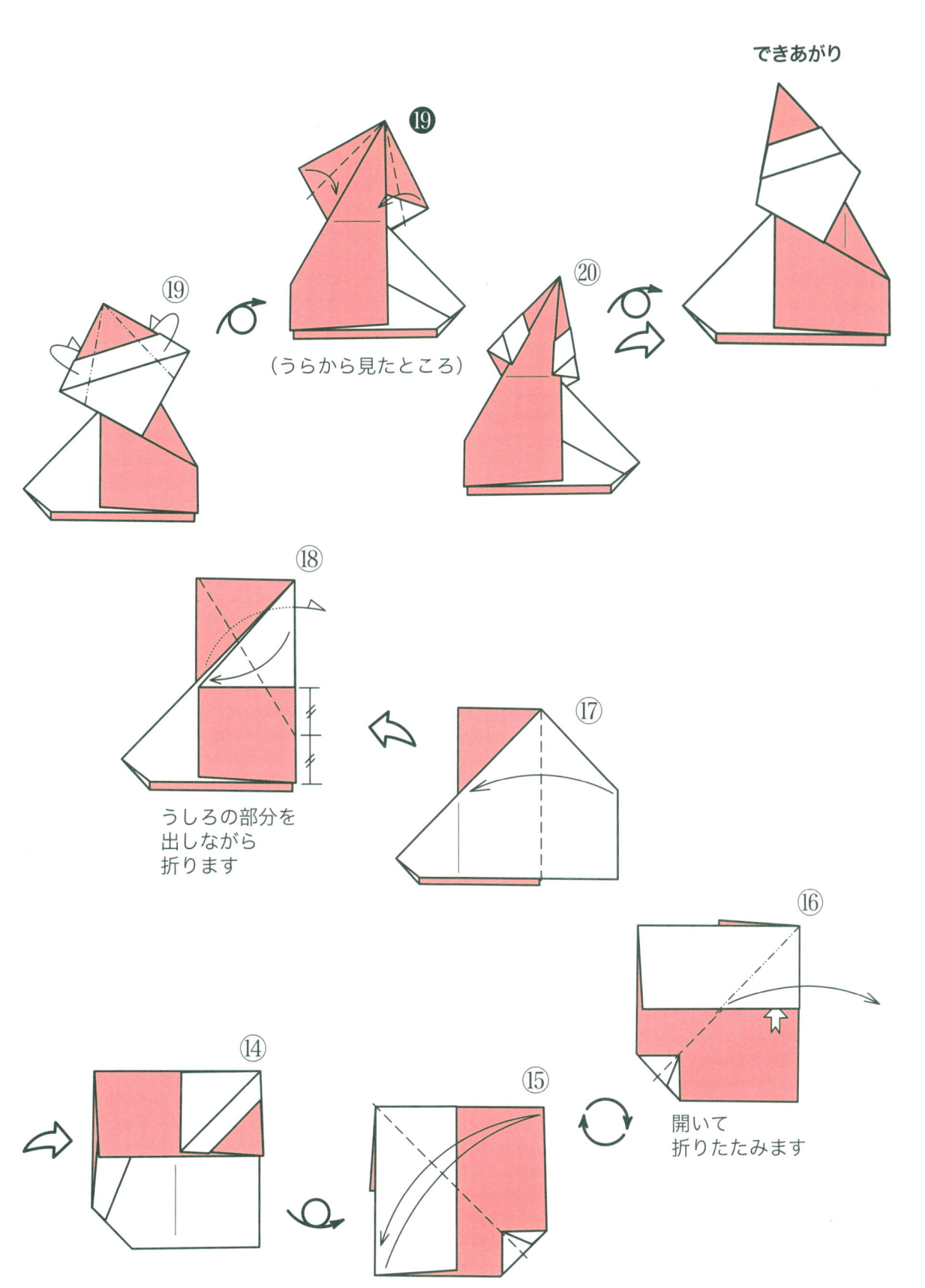

できあがり

⑱ うしろの部分を
出しながら
折ります

⑰

⑯ 開いて
折りたたみます

⑭

⑮

おりがみでクリスマス 3　**91**

~サンタさんはおおいそがし！～

Santa Claus by Mr. Katsushi NŌSHO

サンタクロース 納所克志

頭は、体を折った紙の4分の1のものを使います。
頭と体を組み合わせたら、プレゼントのたくさん入った
ふくろを持ったサンタクロースのできあがり。

使用する紙：正方形2枚　　　（月刊おりがみ76号掲載）

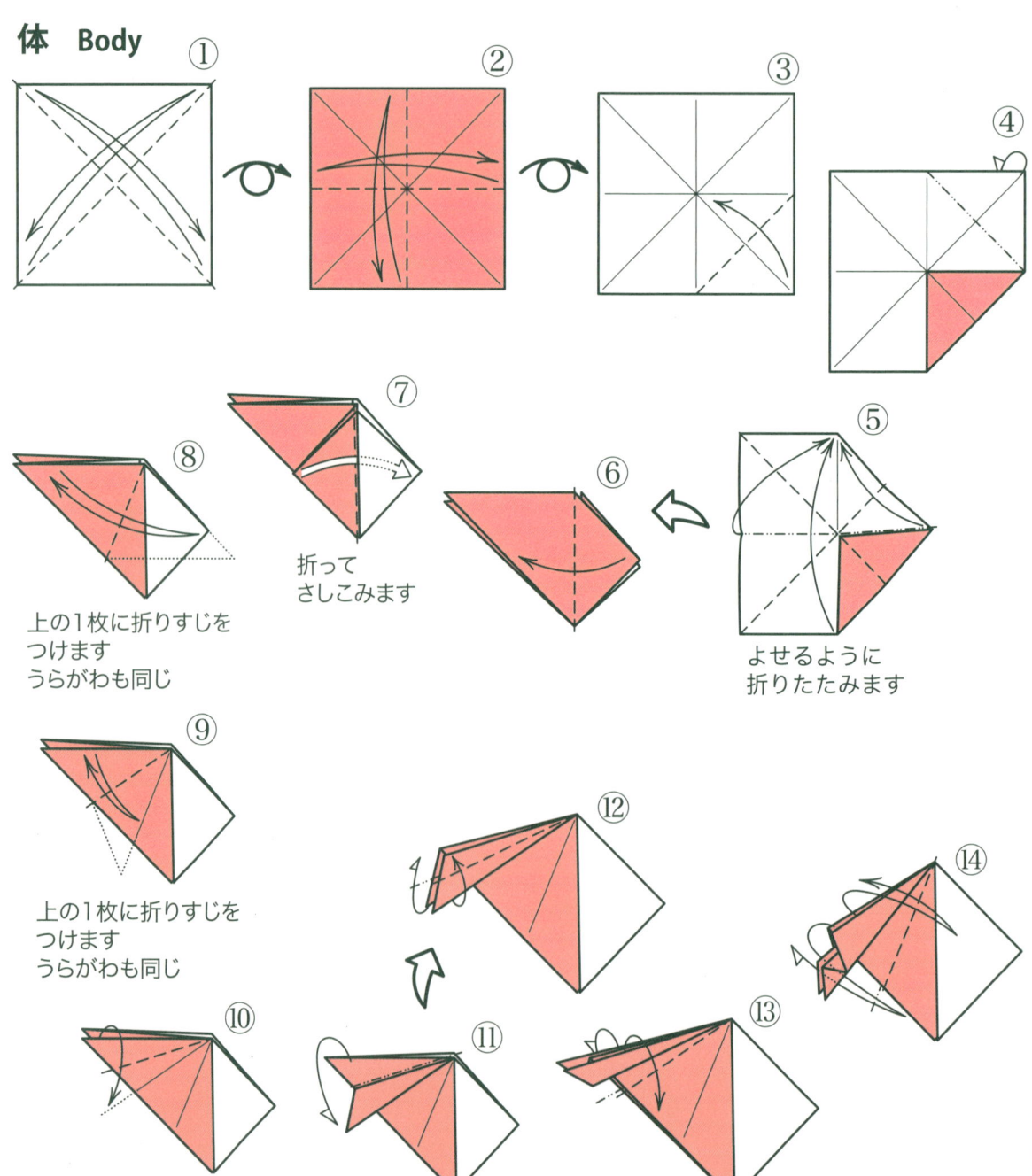

体 Body

⑦ 折って
さしこみます

⑤ よせるように
折りたたみます

⑧ 上の1枚に折りすじを
つけます
うらがわも同じ

⑨ 上の1枚に折りすじを
つけます
うらがわも同じ

92　おりがみでクリスマス3

頭　Head

●紙の大きさのわりあい●

体 Body
頭 Head

① ② ③ ④

まくように
折ります

⑤

⑥
上の1枚だけ
折りすじを
つけます

⑦
上の1枚だけ
折りすじを
つけます

⑧
上の1枚だけ
まくように
折ります

⑨

次ページに
つづく

⑮
中で
折りすじを
つけます

⑯
■の部分を
中に押しこみます

⑰
（途中図）

（⑯で指をいれて
立体にすると
よいでしょう）

⑰
（参考写真）

⑱
中の部分を
出します

⑲
折ってさしこみます
うらがわも同じように
折ります

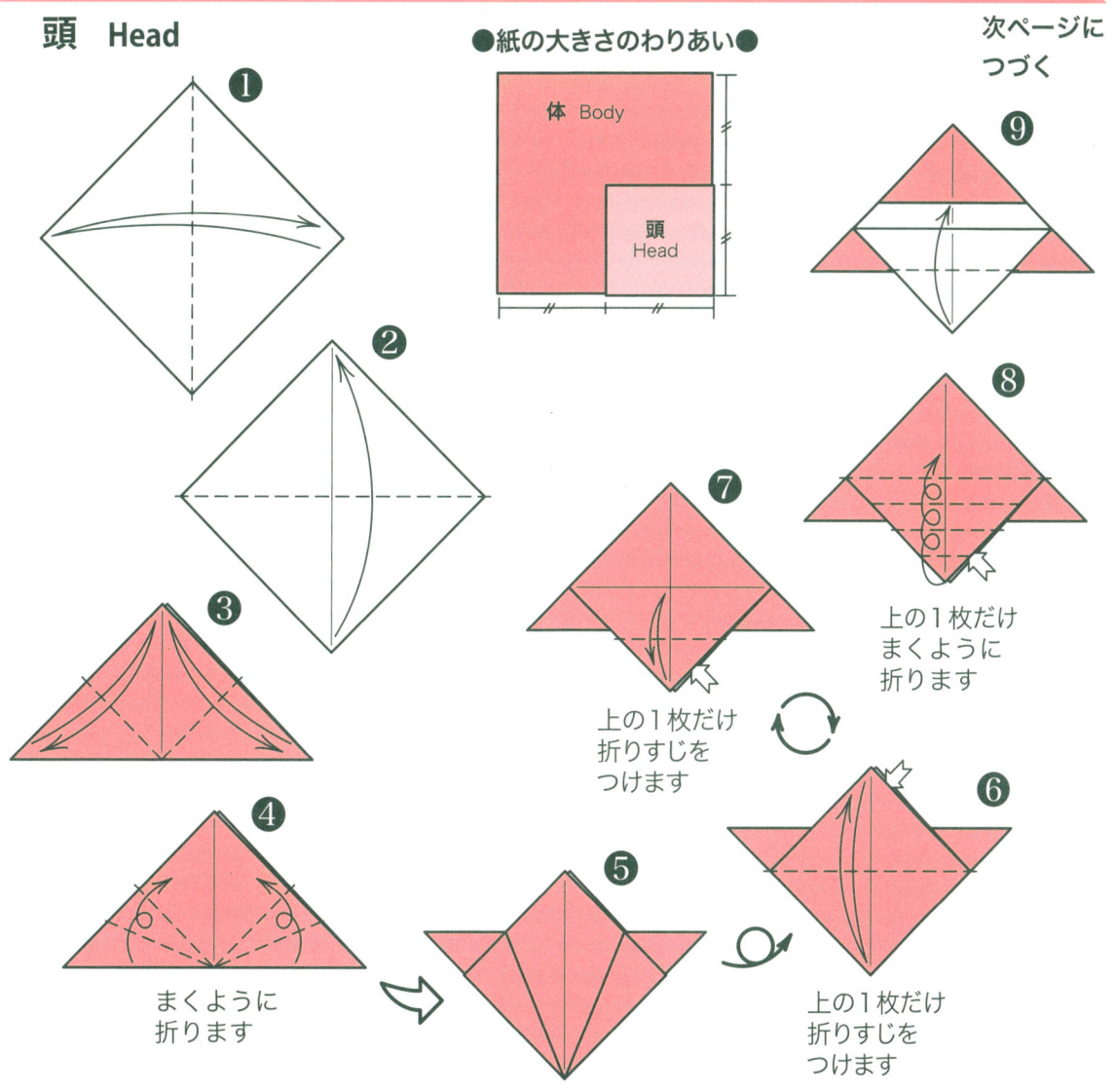

次ページに
つづく

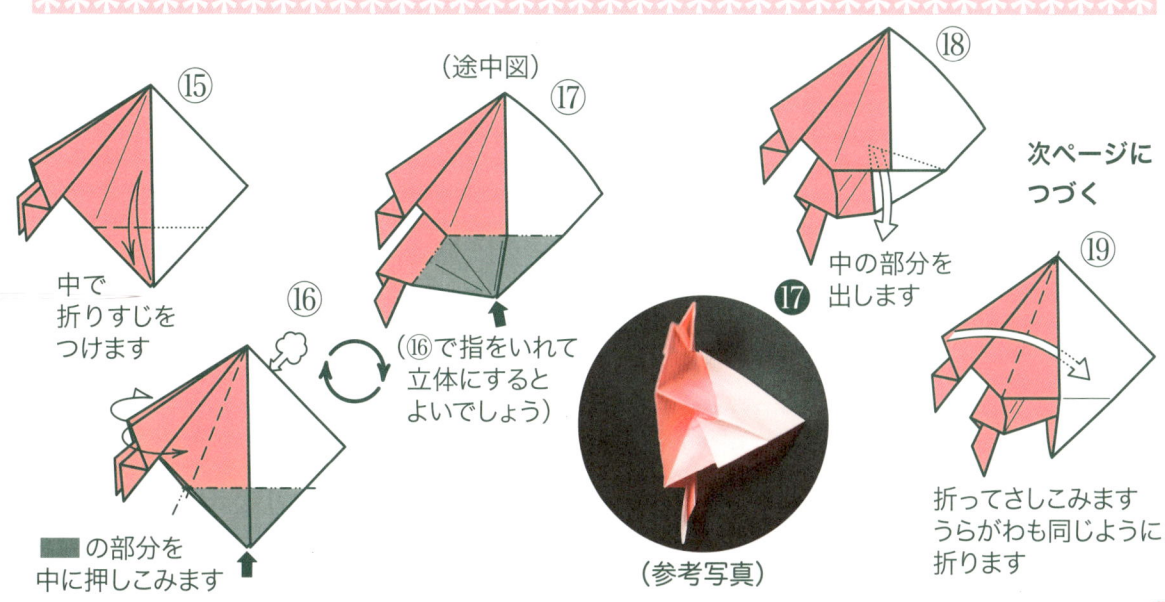

おりがみでクリスマス3　93

前ページから
つづく

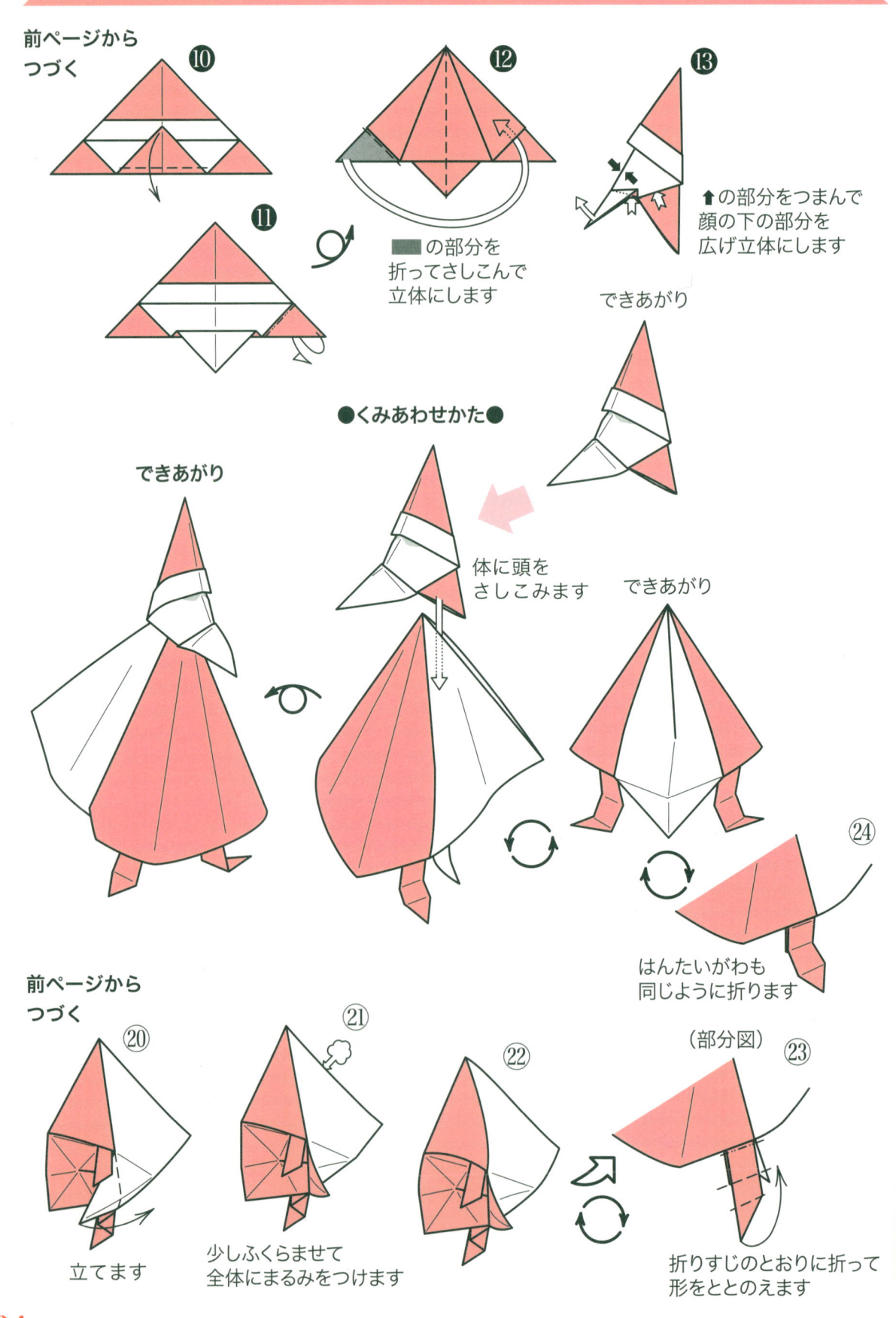

❿

⓫

⓬
■の部分を
折ってさしこんで
立体にします

⓭
↑の部分をつまんで
顔の下の部分を
広げ立体にします

できあがり

●くみあわせかた●

体に頭を
さしこみます

できあがり

できあがり

㉔
はんたいがわも
同じように折ります

前ページから
つづく

⑳
立てます

㉑
少しふくらませて
全体にまるみをつけます

㉒

（部分図）㉓
折りすじのとおりに折って
形をととのえます

94　おりがみでクリスマス3

《お知らせ》 ～やさしさの輪をひろげる～

おりがみ

日本折紙協会のマスコット「ノアちゃん」

■**日本折紙協会とは…**
　1枚の紙から折り出される、花や動物…日本に古くから伝わる文化として一人一人の心の中にいきづいてきた折り紙のすばらしさは、いま、世界共通語「ORIGAMI」として、世界にはばたいています。
　趣味・教育・リハビリテーション効果などさまざまな可能性を持つ「折り紙」を、日本国内はもとより、世界の国々まで普及させよう、という思いから、1973年(昭和48年)10月27日、日本折紙協会が結成されました。

日本折紙協会は、月刊「おりがみ」の発行や、「世界のおりがみ展」の開催をはじめ、次のような活動を行っています。

- 《折紙シンポジウム》の開催
- 《11月11日「おりがみの日」記念イベント》の開催
- 《折紙講師》《折紙師範》《上級折紙師範》認定制度
- 《日本折紙博物館》と提携(石川県加賀市)
  日本折紙博物館のURL
  http://www.origami-hakubutsukan.ne.jp

月刊「おりがみ」定期購読で、あなたも会員になれます

●**月刊「おりがみ」**
　会員の方々の楽しい創作作品をわかりやすい折り図で紹介。季節に合わせた折り紙が、毎月15～20点、あなたのレパートリーに加わります。毎月1日発行。(A4判・50頁) 年間購読料(年会費)：8,700円(税込み/送料サービス)

日本折紙協会（東京おりがみミュージアム）のご案内

　日本折紙協会事務局ではギャラリーを常設、月刊「おりがみ」のバックナンバー、単行本、折り紙用紙)など、各種折り紙関連商品を販売。2階講習室では定期的に折り紙教室を開催しています。

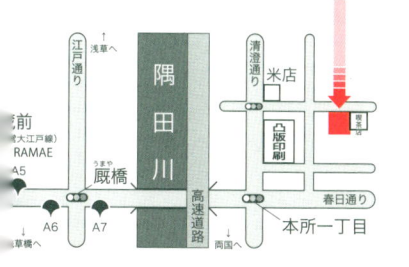

▲正面入口 　　▲ギャラリー

交通／「蔵前」駅(都営大江戸線)A7出口より徒歩約12分(都営浅草線蔵前駅はA2出口)
　※「浅草」駅(東京メトロ銀座線ほかA2出口)も利用できます
営業時間／9：30～17：30
休業日／土・日・祝祭日(都合により臨時休業があります)　　－2011.11現在

NIPPON ORIGAMI ASSOCIATION 日本折紙協会　〒130-0004 東京都墨田区本所1-31-5
TEL.03-3625-1161(代)　FAX.03-3625-1162
URL http://www.origami-noa.com/　電子メール info@origami-noa.com

おりがみでクリスマス3　95

おりがみでクリスマス 3
～サンタのおうち～
Origami de Christmas 3 ~ Santa's house ~

2011年　11月11日　初版発行

発　行　者　　大橋晧也
編集／発行　　日本折紙協会
　　　　　　　〒 130-0004
　　　　　　　東京都墨田区本所 1-31-5
　　　　　　　TEL　03-3625-1161（代）
　　　　　　　FAX　03-3625-1162
　　　　　　　URL　http://www.origami-noa.com/
　　　　　　　電子メール　info@origami-noa.com（事務局）
　　　　　　　　　　　　　henshubu@origami-noa.com（編集部）
　　　　　　　郵便振替口座　00110-6-188035

折り図・デザイン　　青木　良・藤本祐子・編集部
写　真　　　　　　　編集部
印刷・製本　　　　　大日本印刷株式会社

ISBN 978-4-931297-80-7　C2076

© Nippon Origami Association　Printed in Japan 2011
本書掲載内容の無断転用を禁じます。
落丁・乱丁本は、お取り替えいたします。

No part of this publication may be copied or reproduced by any means
without the express written permission of the publisher and the authors.